Stephan Elbern

CAESAR

Staatsmann • Feldherr • Schriftsteller

Zaberns Bildbände
zur Archäologie

Sonderbände der
ANTIKEN WELT

IMP. I.

Stephan Elbern

CAESAR

Staatsmann • Feldherr • Schriftsteller

143 Seiten mit 68 Farb- und 19 Schwarzweiß-abbildungen

Umschlag vorne:

Karl Theodor von Piloty: Caesars Tod (1865), Hannover, Niedersächsisches Landesmuseum (vgl. Abb. 57).

Caesar. Marmorbüste, Musei Vaticani, Sala dei Busti (vgl. Abb. 9).

Seiten 2/3:

Peter Paul Rubens: Caesar (1619), Berlin, Jagdschloss Grunewald (vgl. Abb. 77).

Caesar. Marmorbüste, Turin, Castello Agliè (vgl. Abb. 66).

Caesar. Marmorbüste, Musei Vaticani, Sala dei Busti (vgl. Abb. 9).

Caesar. Schieferbüste, Staatliche Museen Berlin, Antikensammlung (vgl. Abb. 32).

Umschlag hinten:

Forum Romanum, Rom (vgl. Abb. 55).

Senatssitzung. Zinnfigurenszene, Sammlung Helmut Saiger (vgl. Abb. 17).

Jean Fouquet: Caesar am Rubico (ca. 1470), Paris, Musée du Louvre (vgl. Abb. 35).

Weitere Publikationen finden Sie unter www.zabern.de

Gestaltung:
Ilka Schmidt, Verlag Philipp von Zabern, Mainz

Lektorat:
Alrun Schößler und Cornelius Hartz, Verlag Philipp von Zabern, Mainz

Redaktion:
Gerhild Klose und Annette Nünnerich-Asmus, Verlag Philipp von Zabern, Mainz

Bibliografische Information der Deutschen Nationalbibliothek

Die Deutsche Nationalbibliothek verzeichnet diese Publikation in der Deutschen Nationalbibliografie; detaillierte bibliografische Daten sind im Internet über <*http://dnb.d-nb.de*> abrufbar.

ISBN: 978-3-8053-3826-4

Printed on fade resistant and archival quality paper (PH 7 neutral) • tcf

Meinen Eltern

INHALT

CAESAR

VORWORT

Erwachsen ist die Idee zu diesem Buch aus einem Vortrag, den der Verfasser im November 2005 im Rahmen der Reihe «Große Herrschergestalten der Geschichte» in der Urania Berlin gehalten hat; für diese Anregung sei ihrem Direktor, Herrn Dr. habil. Ulrich Bleyer, sowie Frau Dr. Sylvia Falke, Fachbereichsleiterin für Archäologie, Geschichte und Kunstgeschichte, herzlich gedankt, ebenso für die Gastfreundschaft während meiner Studienaufenthalte in der Stadt.

Der Verlag Philipp von Zabern hat das Projekt bereitwillig in sein Programm aufgenommen und in gewohnt reicher Bildfülle hervorragend ausgestattet. Besonders Frau Dr. Annette Nünnerich-Asmus, Herrn Dr. Wolfgang Schmidt und Herrn Dr. Cornelius Hartz bin ich für die gute Zusammenarbeit bei der Entstehung des Buches sehr verbunden (wenn auch ein leises Bedauern über den Verzicht auf die vertraute und altbewährte Schreibweise bleibt).

Dank für Rat und Unterstützung schulde ich Frau Elisabeth Surawski (Berlin), Frau Katrin Vogt (Gera) und Herrn Prof. Dr. Eckhard Müller-Mertens (Berlin), ebenso den wissenschaftlichen Kollegen vom Fachbereich 13 der Freien Universität Berlin und der Stiftung Preußischer Kulturbesitz sowie den stets hilfsbereiten Bibliothekaren an den einzelnen Instituten und der Kunstbibliothek.

Vor allem aber danke ich meiner Frau, die das Werden des Buches mit stetem Interesse und vielfältigen Anregungen gefördert hat, sowie C. Iulius Caesar: Als Erfinder der heute üblichen Form des gehefteten bzw. gebundenen Buches (s. S. 112) ist er auch der Ahnherr des vorliegenden Werkes.

Bad Frankenhausen, im März 2008
Stephan Elbern

EINLEITUNG

Auch nach über zwei Jahrtausenden übt seine Persönlichkeit eine nahezu einzigartige Faszination aus – Gaius Iulius Caesar, darin vergleichbar allenfalls Alexander d. Gr. und Napoleon. Ihnen gegenüber treten selbst die großen Baumeister des Abendlandes – Karl d. Gr. und Otto d. Gr. – zurück, wohl weil ihrem Leben die dramatischen Züge in der Biographie des Makedonenkönigs und des französischen Kaisers, aber auch des größten aller Römer fehlen; ebenso Elisabeth I. von England und der «Sonnenkönig» Ludwig XIV., da sich ihre historische Bedeutung weitgehend auf ihre Länder beschränkt – anders als bei den genannten universalen Gestalten der Geschichte. Friedrich d. Gr. – einst bereits zu Lebzeiten aufgrund seiner geistigen Vielfalt als Feldherr, Staatsmann und Schriftsteller mit Caesar verglichen – ist nach dem Ende von preußischer Staatlichkeit, aber auch von preußischer Gesinnung, weitgehend in den Hintergrund des historischen Interesses getreten.

Freilich beschränkt sich dieses zunehmend auf den wissenschaftlichen Bereich: Unübersehbar ist die Fülle von Publikationen zu zahlreichen Fragestellungen, die Caesar und seine Epoche aufwerfen, groß auch die Zahl der umfassenden Darstellungen und Biographien*. Aus dem Bewusstsein breiter Bevölkerungskreise ist er dagegen weitgehend verschwunden, wenn er nicht gerade als Witzfigur in den fraglos geistreichen und amüsanten «Asterix»-Bänden fortlebt. Verheerend wirkt sich hier die (oft geringe) Qualität des heutigen Geschichtsunterrichtes aus, vor allem die zunehmende Vernachlässigung der Antike in den Gymnasien und der Rückgang der lateinischen Sprache an Schulen und Universitäten. Die geringe Lesefreude einer anderen Medien zugewandten Zeit verstärkt diese Entwicklung noch.

Ihr will das vorliegende Werk begegnen: Der Tatsache bewusst, dass über Caesar nichts grundlegend Neues mehr geschrieben werden kann, will es keineswegs die eindrucksvolle Reihe hervorragender Biographien fortführen, sondern in kurzem, essayhaftem Text sein Leben bildhaft werden lassen. Daher ist es auch nicht möglich, in diesem begrenzten Rahmen jede der zahlreichen Forschungskontroversen zu berücksichtigen. Ebenso wird weitgehend auf den wissenschaftlichen Apparat verzichtet; lediglich Zitate und weniger bekannte Details werden in den Anmerkungen nachgewiesen.

Dagegen soll das Buch ein Bild von Caesars Leben vor den Augen des Lesers und Betrachters erstehen lassen; damit folgt es den Sehgewohnheiten eines optisch orientierten Zeitalters. Zugleich aber spiegelt sich in der Fülle und Vielfalt des Bildmaterials – von Bauten, Münzen und anderen Kunstwerken der caesarischen Epoche zu den bildlichen Darstellungen vom Mittelalter bis in den Historismus – die Faszination eines Mannes durch die Jahrhunderte, der immer – wenn auch mitunter widerwillig (s. S. 124 – 136) – zu den Großen der Geschichte gezählt wurde.

Historische Größe

Worin äußert sich nun historische Größe (ungeachtet gelegentlicher grundlegender Zweifel unserer Zeit wollen wir an diesem Begriff festhalten)? Der bloße Erfolg zu Lebzeiten kann dafür nicht genügen – sonst müssten wir Machthaber wie Lenin, Stalin und Mao Tsetung zu den bedeutenden geschichtlichen Persönlichkeiten zählen! Offenbar müssen andere Kriterien als Maßstab dienen. Von Bedeutung ist sicher die Vielfalt der Begabung – das zeigt sich etwa in der Gestalt Friedrichs II. von Hohenstaufen, den ungeachtet seines Scheiterns sein hochfliegender Geist noch heute als *stupor mundi* erscheinen lässt, als «Staunen der Welt». Caesar ist fraglos eine der vielsei-

* Die Bibliographie bei H. Gesche, Caesar [1976], führt – ohne Anspruch auf Vollständigkeit – nahezu 2000 Titel auf; in den folgenden 30 Jahren ist vieles hinzugekommen; zudem wurden zahlreiche Publikationen zu etlichen Spezialgebieten der historischen Forschung veröffentlicht.

tigsten Persönlichkeiten der Geschichte: Als Staatsmann und Feldherr, als Redner und Schriftsteller zählte er zu den Großen sowohl seiner Zeit wie der folgenden Jahrhunderte.

Unabdingbar ist zudem die historische Bühne, die dem Genie erst das geschichtsmächtige Wirken ermöglicht. Sie bot sich Caesar in dem Imperium Romanum, dem bedeutendsten Weltreich der Geschichte, das bereits damals von Spanien bis Kleinasien, von den Alpen bis Nordafrika reichte. Das zeitgeschichtliche Umfeld ist ebenfalls von entscheidender Bedeutung: So hätte Napoleon sicher auch zu anderer Zeit einen hohen Rang als Feldherr oder Politiker erreichen können; ohne die Französische Revolution ist jedoch sein kometenhafter Aufstieg zum Herrn Europas nicht vorstellbar. Hier bot sich Caesar gleichfalls die Chance zu historisch bedeutsamem Handeln: Rom wurde im «Jahrhundert der Bürgerkriege» von der bisher größten Krise seiner Geschichte erschüttert (s. S. 14–16). In dieser Situation «vollbrachte er, was an der Zeit war» (G. W. F. Hegel).

Wirkung bis heute

Bedeutungsvoll für die Bewertung von geschichtlicher Größe ist auch das Nachleben einer historischen Persönlichkeit (s. S. 123–138). Caesars Wirken ist bis in unsere Zeit spürbar, wie nicht nur die Lateinschüler noch heute – mitunter schmerzlich – bei der Lektüre des *Bellum Gallicum* erfahren. Denn nach einem bekannten Bild ruht die abendländische Kultur, die unser Leben und Denken bis heute prägt, auf drei Säulen: der griechischen Philosophie, dem römischen Recht und der christlichen Ethik. Schlüssig wird das Bild freilich erst, wenn diese Stützen durch einen Architrav zu fester Architektur verbunden werden – das Imperium Romanum. Denn Rom begründete nicht nur die europäische Rechts- und Staatstradition, es vermittelte der Nachwelt auch die Werke der hellenischen Denker und ermöglichte den Aufstieg des Christentums zur Weltreligion.

Dieses Reich hat Caesar durch sein politisches und militärisches Handeln – zusammen mit dem staatsmännischen Genie seines Nachfolgers Augustus – stabilisiert und ihm damit für weitere Jahrhunderte Dauer verliehen. Erst in der römischen Kaiserzeit mit ihrem weit verbreiteten Wohlstand im Schutz der Jahrhunderte währenden *pax Augusta* – nach Auffassung zahlreicher moderner Historiker der glücklichsten Zeit der Weltgeschichte – aber hat Rom seine einzigartige zivilisatorische Leistung vollbracht und in vielen Bereichen das Fundament gelegt für die geistige und kulturelle Entwicklung Europas bis in unsere Zeit.

Daher ist die Betrachtung von Leben und Werk, Persönlichkeit und Nachleben des C. Iulius Caesar kein geistreiches Gedankenspiel weltfremder Gelehrter, sondern eine Besinnung auf unsere geschichtlichen Wurzeln, eine Suche nach der eigenen historischen Identität.

CAESAR

EIN WELTREICH IN DER KRISE

Abb. 1
Dea Roma. Die gewappnete Göttin der Stadt erscheint vielfach auf römischen Münzen (Denar, 209/8 v. Chr.; Privatbesitz).

«Jedes wilde Tier, das durch Italien streift, hat seine Höhle, sein Lager, seinen Schlupfwinkel; aber die Männer, die für Italien kämpfen und sterben, besitzen nichts als Luft und Licht. Ohne Haus und Heim ziehen sie mit ihren Kindern und Frauen durch das Land. Die Feldherren lügen, wenn sie die Soldaten in den Schlachten dazu aufrufen, Gräber und Heiligtümer vor den Feinden zu schützen. Denn von diesen Römern nennt keiner einen Hausaltar oder ein Ahnengrab sein eigen, sondern sie kämpfen und sterben für fremden Luxus und Reichtum; Herren der Welt genannt, besitzen sie nicht eine einzige Scholle.»

(Plutarch, Tib. Gracch. 9)

Mit dieser feurigen Anklage schilderte Tiberius Gracchus den Niedergang des italischen Bauernstandes – und damit zugleich den Beginn der existenziellen Krise der römischen Republik.

Aufstieg zur Weltmacht

Abb. 2
Karte des Römischen Reiches (44 v. Chr.). Bis zur Zeit Caesars zum Mittelmeer orientiert, griff das Imperium Romanum durch die Eroberung Galliens in die Mitte Europas aus.

In jahrhundertelangen Kämpfen hatte Rom nach dem Sturz der etruskischen Könige (um 500 v. Chr.) die benachbarten Völker in Mittel- und Süditalien niedergeworfen, danach durch den Triumph über Karthago in den Punischen Kriegen (264–241, 218–201, 149–146 v. Chr.) die Herrschaft im westlichen Mittelmeerraum errungen. Unmittelbar nach dem entscheidenden Sieg bei Zama wandten sich die Römer dem Osten zu. Dort bestand ein Gleichgewicht der Kräfte zwischen Makedonien sowie den Großreichen der Ptolemäer in Ägypten und der Seleukiden in Vorderasien, vergleichbar dem europäischen Staatensystem im Zeitalter des Barock. In geschickter Ausnutzung ihrer Rivalitäten und im Bund mit den kleineren Staaten wurden die hellenistischen Großmächte niedergeworfen; der Sieg der römischen Legionen über die makedonische Phalanx bei Pydna (168 v. Chr.) unterwarf auch den griechischen Osten der Herrschaft bzw. dem dominierenden Einfluss Roms. Gleichzeitig wurde in langjährigen Kämpfen ein großer Teil Spaniens, als Durchzugsland zudem der Süden Galliens erobert.

Eine veraltete Verfassung

Der Aufstieg Roms von einem regionalen Machtfaktor in Italien zum Weltreich, das – teils unmittelbar, teils durch seine faktische Dominanz – die damalige zivilisierte Welt beherrschte, musste politische und soziale Verwerfungen mit sich bringen. Denn die (niemals schriftlich niedergelegte) römische Verfassung war für einen Stadtstaat mit überschaubarem Umfang geschaffen worden, nicht für ein Reich, das sich über drei Erdteile erstreckte. Sie war geprägt durch die Verbindung von monarchischen, aristokratischen und demokratischen Elementen: An der Spitze des Staates standen die Magistrate, denen zivile und militärische Aufgaben oblagen. Ihre Macht wurde beschränkt durch die Prinzipien von Kollegialität (es gab stets mehrere Amtsinhaber, die sich gegenseitig kontrollieren konnten) und Annuität (Begrenzung der Befugnisse auf ein Jahr). In festgelegter Reihenfolge mussten mehrere Ämter durchlaufen werden, bis das Konsulat als höchstes Staatsamt erreicht wurde. Nach dem Ende ihres Amtsjahres übernahmen Prätoren und Konsuln die Statthalterschaft einer Provinz.

Beamtenwahl und Gesetzgebung erfolgten in der Volksversammlung, die in unterschiedlicher Gliederung zusammentreten konnte. Die Abstimmung nach Vermögensklassen (*comitia centuriata*) bzw. Stadtbezirken mit Bevorzugung der ländlichen Großgrundbesitzer (*comitia tributa)* begünstigte allerdings die senatorische Führungsschicht. Eine Möglichkeit, Gesetze gegen deren Willen durchzusetzen, boten die *plebiscita*: Die Beschlüsse in der Versammlung der Plebs besaßen seit der *lex Hortensia* (287 v. Chr.) gleichfalls Gesetzeskraft.

Dominierende Institution war der Senat aus altadligen Patriziern und ehemaligen Magistraten, dem eigentlich nur beratende Funktion zukam; doch war es in der Praxis sehr schwer, sich der gesammelten politischen Erfahrung dieses Gremiums zu entziehen. Unter den Senatoren ragte die Nobilität als eigentliche Führungsschicht hervor; ihr gehörten die etwa 30–40 Familien an, die bereits einen Konsul gestellt hatten; nur selten gelang einem *homo novus* der Aufstieg in diesen erlauchten Kreis. Wichtigste Machtbasis des senatorischen Adels war seine Klientel: Dabei handelte es sich um Bürger, aber auch Städte und Provinzen, die ihrem *patronus* Dank schuldeten; in formloser erblicher Verpflichtung unterstützten sie seine politischen Ambitionen; dafür genossen sie seinen Schutz (etwa vor Gericht) und materielle Zuwendungen.

Mit dem Aufstieg Roms erwies sich diese Staatsordnung als zunehmend ungeeignet. Denn wie sollte sich ein Beamter in einem Jahr mit allen Problemen des Reiches befassen können? Für die Provinzen war das System besonders verheerend – sie waren nahezu schutzlos jährlich wechselnden Blutsaugern ausgesetzt, die hier die hohen Aufwendungen für den politischen Aufstieg auszugleichen suchten. So wuchsen die Privatvermögen ins Unermessliche, während dem Staat die notwendigen Finanzmittel fehlten.

Das «Jahrhundert der Bürgerkriege»

Verwerfungen traten auch innerhalb der senatorischen Führungsschicht auf. Wie konnte ein Feldherr, der einen Hannibal niedergeworfen, einen besiegten König in seinem Triumph aufgeführt hatte, wieder als Gleichgestellter in die Reihe der Standesgenossen zurücktreten? Bereits Scipio d. Ä. scheiterte an diesem Widerspruch; vor Anfeindungen und Verleumdungen zog sich der Sieger von Zama in das freiwillige Exil auf sein Landgut bei Neapel zurück; aber die nachfolgenden Politiker waren weniger selbstlos. So kam es zunehmend zum Einsatz von Gewalt in den innenpolitischen Auseinandersetzungen; den inneren Zusammenhang des «Jahrhunderts der Bürgerkriege» (133–30 v. Chr.) hat bereits die Antike erkannt.*

* So der Historiker Appian in der Einleitung zu seinem Werk über die römischen Bürgerkriege.

Niedergang des Bauernstandes

Besonders schwer trafen die Veränderungen den italischen Bauernstand. Durch das allgemeine Recht, brachliegendes Staatsland gegen geringe Pacht in Besitz zu nehmen, waren Latifundien entstanden, die von den reichen Senatoren mit den Sklavenheeren bewirtschaftet wurden, die infolge der siegreichen Kriege nach Italien verschleppt worden waren. Mit diesen Riesengütern konnten die – zudem zum Militärdienst verpflichteten – Bauern nicht konkurrieren; sie verließen ihre Äcker und strömten nach Rom als *proletarii* – Menschen, die nichts besaßen als ihre Kinder (*proles*). Damit aber war die Existenz des Bauerntums gefährdet – der staatstragenden Schicht der römischen Republik, aus der sich zudem die Armee rekrutierte.

Diese bedrohliche Entwicklung bewog die adligen Brüder Tib. und C. Gracchus, durch ein Siedlungsprogramm den Bauernstand zu erneuern. Ihre Pläne gefährdeten jedoch die wirtschaftlichen Interessen der Senatoren; bei tumultuarischen Unruhen kamen die Brüder ums Leben; ihre Reformen waren gescheitert (133 und 121 v. Chr.). Auch die unzähligen Sklaven wurden zunehmend zur Gefahr, wie die Aufstände auf Sizilien zeigten, vor allem aber die Erhebung des Spartacus in Italien (73–71 v. Chr.).

Abb. 3
Römische Soldaten (um 50 v. Chr.). Mit der Heeresreform des Marius war eine weitgehende Standardisierung von Ausrüstung und Bewaffnung der neuen Berufsarmee verbunden, da diese nun vom Staat geliefert wurde (Sammlung Stephan Elbern).

Die Heeresreform des Marius

Die wachsende Staatskrise offenbarte sich schonungslos in einem eigentlich unbedeutenden Kolonialkrieg Roms in Nordafrika; im Kampf gegen den unbotmäßigen Numiderkönig Jugurtha zeigten sich Korruption und Unfähigkeit des herrschenden Systems. Zugleich wurde Rom nach über 100 Jahren erstmals wieder ernsthaft bedroht; mehrere Armeen waren dem Ansturm der germanischen Kimbern und Teutonen erlegen, die bis nach Italien vordrangen. Zum Retter Roms wurde der *homo novus* C. Marius: Er beendete den Krieg in Afrika und vernichtete die germanischen Feinde (102/1 v. Chr.); den Zeitgenossen erschien er als dritter Gründer Roms, auch wenn er sich in der inneren Krise als konzeptionslos erweisen sollte.

Maßgeblich hatte seine Heeresreform (107 v. Chr.) zu den militärischen Erfolgen beigetragen: Durch den Mangel an Rekruten aus dem Bauernstand gezwungen, warb Marius erstmals Besitzlose gegen Sold an; damit entstand eine Berufsarmee mit höherer Professionalität (Abb. 3). Ihr Preis war allerdings ein Wandel in der Loyalität der Truppen: Mehr als einem anonymen Staat waren sie ihrem Feldherrn verpflichtet, der ihnen nach Ende der Dienstzeit eine Bauernstelle als Altersversorgung gewährleistete. Damit entstand die «Heeresklientel», die auch den Missbrauch der Armee für einen Bürgerkrieg ermöglichte.

Abb. 4
Triumph Sullas. Ein Denar (82 v. Chr.) zeigt den siegreichen Sulla auf einer Quadriga, von der Siegesgöttin Victoria bekrönt (Privatbesitz).

Sulla

* Der häufig verwendete Begriff «Parteien» ist irrig, da es sich nicht um fest gefügte Organisationen handelte.

Die inneren Auseinandersetzungen dieser Zeit waren geprägt von zwei politischen Richtungen*: den Optimaten, die sich auf den Senat stützten, und den Popularen, denen – obgleich sie selbst dem Adel entstammten – die Volksversammlung zur Durchsetzung ihrer Interessen diente. Marius, der bereits aufgrund seiner Herkunft der «Volkspartei» zuneigte, erwuchs ein gefährlicher Gegner in dem optimatischen Politiker L. Cornelius Sulla (Abb. 4). Dieser hatte unter Marius gegen Numider und Kimbern gedient, schrieb sich allerdings dessen Erfolge größtenteils selbst zu; später hatte er den Aufstand der italischen Bundesgenossen niedergeworfen. Um den Oberbefehl gegen einen neuen bedrohlichen Gegner Roms in Kleinasien, Mithridates VI. von Pontos, entbrannte ein Streit. Der Senat hatte Sulla damit betraut; als die Volksversammlung das Kommando auf Marius übertrug, zögerte sein Rivale nicht: Er führte sein Heer gegen Rom – ein weiteres Tabu in den innerrömischen Machtkämpfen war gefallen (88 v. Chr.). Während Sulla in Griechenland erfolgreich gegen Mithridates vorging, konnte der geflohene und geächtete Marius nach Rom zurückkehren, starb aber kurz darauf.

Nach dem Friedensschluss mit dem König von Pontos kehrte Sulla nach Italien zurück und nahm nach siegreichem Bürgerkrieg furchtbare Rache: 4700 Bürger fielen seinen Proskriptionen zum Opfer – politische Gegner, oft aber auch Unbeteiligte, deren Besitz die Anhänger des Siegers reizte. Doch dieser erstrebte nicht nur kurzfristigen Erfolg; eine konservative Staatsordnung sollte die Macht des Senates auf Dauer sichern. In formaler Anlehnung an die altrömische Sitte der zeitlich befristeten Dictatur in schweren Krisen ließ er sich dazu als *dictator legibus scribundis et rei publicae constituendae* (Dictator** zur Gesetzgebung und Ordnung des Staates) eine bisher unerhörte Machtfülle verleihen; mit diesem Titel zur Bezeichnung seiner die Tradition sprengenden faktischen Alleinherrschaft wurde er zum Vorläufer Caesars. Nach Durchführung der notwendigen Maßnahmen legte Sulla sein Amt nieder (Caesar erklärte ihn deswegen später zum politischen Analphabeten) und zog sich auf eines seiner Landgüter zurück (79 v. Chr.); hier starb er im folgenden Jahr.

** Um die römische Amtsbezeichnung von dem heutigen Begriff «Diktator» abzuheben, wurde bewusst diese Schreibweise gewählt.

CAESAR

UNBEDEUTEND – ABER EHRGEIZIG

Abb. 5
Geburt Caesars. Die Miniatur aus Jean Mansels «Histoires romaines» (15. Jh.) lässt seine angebliche Geburt durch einen Kaiserschnitt deutlich erkennen (Paris, Bibliothèque d'Arsenal).

«Meine Tante Iulia stammt mütterlicherseits von den Königen ab, von Seiten des Vaters ist sie mit den unsterblichen Göttern verbunden. Denn von Ancus Marcius (dem 4. König Roms; Anm. d. Übers.) leitet sich die Familie mit dem Namen Marcius Rex ab, den ihre Mutter trug, von Venus dagegen die Iulier, denen auch unsere Familie angehört. Also ist in ihrem Geschlecht die Erhabenheit der Könige, die am mächtigsten unter den Menschen sind, ebenso die Heiligkeit der Götter, in deren Gewalt selbst die Könige stehen.»
(Sueton, Caes. 6,1)

Abb. 6
Flucht des Aeneas. Eine provinzielle Skulpturengruppe aus dem pannonischen Gorsium zeigt die legendäre Rettung des Helden aus dem brennenden Troia; er trägt seinen Vater Anchises auf den Schultern, das Söhnchen Ascanius (Iulus) umklammert seine Hand.

Was bedeutet «Caesar»?

Die Herkunft des Namens «Caesar» (wohl als «Kaisar» auszusprechen) war bereits im Altertum umstritten. Kaum haltbar ist die Ableitung von der *sectio **caesar**ea*, dem **Kaiser**schnitt, durch den er das Licht der Welt erblickt haben soll (s. Abb. 5). Nach einer Notiz der (unzuverlässigen) *Historia Augusta* hatte dagegen einer seiner Vorfahren einen karthagischen Kriegselefanten erlegt und zum Lohn für seine Tapferkeit dessen Namen erhalten; aber auch andere Ableitungen sind überliefert (SHA Ael. 2,3 f.: weil er angeblich bereits mit reichem Haupthaar – lat. *caesaries* – geboren wurde oder wegen seiner übermenschlich leuchtenden blauen – lat. *caesius* – Augen). Die Abbildung von Elefanten auf Münzen Caesars könnte immerhin als Indiz für die von ihm selbst bevorzugte Etymologie betrachtet werden.

«Von göttlicher Abstammung»

Während dieser Zeit der Krise wurde C. Iulius Caesar am 13. Juli 100 v. Chr. geboren (Abb. 5); sein Geburtsort lag in der Subura, einem Stadtviertel nordöstlich des Forum Romanum, etwa im Bereich der heutigen Via Cavour.

Die Familie stammte – wie er bei der *laudatio funebris* für seine Tante Iulia stolz erklärte (s. o.) – von Göttern und Königen ab; zugleich konnte er seine Herkunft auf den trojanischen Helden Aeneas zurückführen, den mythischen Stammvater Roms. Die Flucht des Ahnherrn aus Troia (Abb. 6) und die göttliche Stammmutter Venus hat Caesar auf Münzprägungen verewigt. Zugleich verband ihn seine Abstammung mit der Welt Homers und damit nach antiker Vorstellung mit dem Anbeginn der Geschichte sowie mit Romulus, dem römischen Gründungsheros (Abb. 7). Noch im Bürgerkrieg hat Caesar die Stadt seiner Ahnen besucht (48 v. Chr.) und geplant, ein römisches Troia zu errichten; der Tod vereitelte diese Absicht.

So stolz die Familie auf ihre Herkunft war – tatsächlich war sie politisch unbedeutend. Lange schon hatte keines ihrer Mitglieder mehr das Konsulat erlangt; Caesars früh verstorbener Vater war lediglich bis zum Amt des Praetors aufgestiegen. So versuchte man den Einfluss mit geschickten Eheschließungen zu mehren; Caesars Tante Iulia hatte C. Marius geheiratet, den führenden Mann Roms. Diese Verbindung sollte den jungen Demagogen prägen: Sie führte ihn zur politischen Richtung der Popularen; vor allem aber mehrte sie seinen Nimbus durch den Ruhm des Oheims – gerade zu Beginn seiner Laufbahn ein unschätzbarer Vorteil.

Abb. 7
Auf einem Altar von Ostia (124 n. Chr.) erscheint die wunderbare Errettung der Zwillinge Romulus und Remus durch das heilige Tier ihres göttlichen Vaters Mars. Der Adler Jupiters beschirmt die Knaben, Tiber und Palatinus symbolisieren die Umgebung, Hirten bestaunen das Wunder.

Jugend

Die Erziehung des jungen Gaius lag in den Händen seiner Mutter Aurelia; er dürfte eine gediegene Schulbildung erhalten haben, in der damals die literarisch-rhetorischen Elemente überwogen. Den hervorragenden sprachlichen Unterricht bezeugen seine eigenen Werke, v. a. die grammatische Lehrschrift *De analogia* (s. S. 114), aber auch seine viel gerühmten Fähigkeiten als Redner (s. S. 111). Die körperliche Ausbildung wurde ebenfalls nicht vernachlässigt; in seinen späteren Jahren zeigte sich Caesar als hervorragender Reiter, Fechter und Schwimmer. Wie seine adligen Altersgenossen gehörte er zur römischen «Jeunesse dorée»; er hatte Affären und zeigte sich gern als modischer Geck, sorgsam frisiert und mit lose gegürteter, also bewusst «unmännlicher» Toga; seine Eitelkeit bewahrte er bis in das Alter. Aber bald sollte sich zeigen, dass der junge Mann außergewöhnlichen Mut und Charakterstärke besaß.

Geächtet

Aus politischen Gründen hatte er Cornelia geheiratet, die Tochter des führenden Popularen L. Cornelius Cinna (84 v. Chr.), die ihm im folgenden Jahr eine Tochter gebar. Nach dem Sieg der Optimaten widersetzte sich Caesar – erst 18 Jahre alt! – der Aufforderung Sullas, sich scheiden zu lassen, und nahm lieber den Verlust seines Vermögens, Flucht und Lebensgefahr auf sich. Denn wegen seiner Weigerung geächtet (82 v. Chr.), musste er in die Berge fliehen, sich sogar einmal von einem der feindlichen «Kopfgeldjäger» freikaufen, bis er auf Bitten von Verwandten die Begnadigung erlangte.

Erste militärische Erfahrungen

Dennoch erschien es ratsam, Rom zu verlassen; daher trat Caesar seinen Kriegsdienst als Militärtribun an. Mit diesem Rang dienten junge Adlige ohne jede kriegerische Erfahrung, die meist nur mit Verwaltungsaufgaben betraut wurden. Dagegen bewährte sich Caesar schon auf seinem ersten Feldzug; für die Rettung eines Kameraden beim Angriff auf die kleinasiatische Stadt Mytilene erhielt er die höchste militärische Auszeichnung, die Bürgerkrone (*corona civica*).

In diplomatischer Mission an den Hof des Königs Nikomedes IV. von Bithynien entsandt, soll Caesar mit diesem eine homoerotische Beziehung unterhalten haben; er selbst hat sich gegen dieses Gerücht stets verwahrt (s. S. 111).

Piratenabenteuer

Der Tod Sullas (78 v. Chr.) ermöglichte Caesar die Rückkehr nach Rom. Doch war die populare Richtung durch Bürgerkrieg und Proskriptionen stark geschwächt; eine politische Betätigung erschien noch als verfrüht, auch wenn Caesar als glänzender Anwalt gegen einige Kreaturen des verstorbenen Dictators vorging. Daher trat er eine Reise nach Rhodos an, damals eines der bedeutendsten geistigen Zentren des Hellenismus; dort hatte auch Cicero bei dem Rhetor Molon studiert. Caesar wollte hier seine Fähigkeiten als Redner vervollkommnen – eine unabdingbare Voraussetzung für eine erfolgreiche politische Laufbahn.

Auf dem Weg ereignete sich die berühmte Piratenepisode: Caesar wurde gefangen genommen und zur Zahlung von Lösegeld gezwungen, das die mit Rom «verbündeten» Städte Kleinasiens aufzubringen hatten. Sein Verhalten bei den Seeräubern war freilich von Selbstbewusstsein und jugendlicher Frechheit geprägt: «Er behandelte sie so verächtlich, dass er ihnen den Befehl übermittelte, sich ruhig zu verhalten, sooft er schlafen wollte. Während seiner 38tägigen Gefangenschaft trieb er ohne jegliche Furcht mit ihnen gemeinsam Spiel und Sport, als ob sie seine Leibwächter, nicht er ihr Gefangener wäre. Er verfasste Gedichte und Reden und benutzte sie als Zuhörer; wenn sie diese nicht bewunderten, nannte er sie ganz offen ungebildete Barbaren. Oft drohte er ihnen lachend, sie später aufzuhängen. Diese aber amüsierten sich darüber und glaubten, er spräche in harmlosem Scherz» (Plut. Caes. 2,2–4).

Sobald er aber frei war, machte er seine Drohungen wahr; er verfolgte die Räuber, nahm ihnen die Beute wieder ab und ließ sie eigenmächtig kreuzigen (75 v. Chr.; Abb. 8). So anekdotenhaft verklärt dieses Abenteuer auch sein mag – es zeigt bereits deutlich einige Wesenszüge Caesars: seine Entschlossenheit, die Schnelligkeit des Handelns und die später viel gerühmte (und umstrittene) *clementia*; denn vor der qualvollen Kreuzigung ließ er die verurteilten Piraten erdrosseln.

Danach kehrte er nach Rom zurück; sein Onkel war gestorben, und Caesar übernahm dessen Sitz im Kollegium der Pontifices.

Abb. 8
Siegesmonument über die Piraten. Die allgemeine Erleichterung über die Beseitigung der Seeräuberplage durch Cn. Pompeius spiegelt sich in den zeitgenössischen Siegesmonumenten. Das Denkmal von Kyrene bekrönt eine Statue der Victoria (?); der Kopf wurde vor wenigen Jahren geraubt. Auf den Anlass weist der Unterbau in Gestalt eines Schiffsbuges (Kyrene, Agora).

Eine geplante Laufbahn?

Auch wenn sich in diesen Jahren bereits manche Züge des späteren Feldherrn und Staatsmannes zeigen, bleibt doch die in der historischen Forschung höchst umstrittene Frage, ob Caesar schon seit frühester Jugend – gleichsam ohne Umweg und Unterbrechung – bewusst seinen Weg zu Alleinherrschaft und Reichsreform verfolgte (Th. Mommsen) oder ob er lediglich klug die Chancen ergriff, die sich ihm jeweils in entscheidenden Situationen boten (H. Strasburger).

Ein lebenslanges planmäßiges und zielgerichtetes Wirken Caesars für die Erneuerung des römischen Staates widerspricht allerdings jeder allgemeinmenschlichen Erfahrung; auch besteht für den Historiker stets die Gefahr, geschichtliche Entwicklungen und Persönlichkeiten im Wissen um die späteren Ereignisse zu beurteilen. Sein Ehrgeiz dürfte ihn aber tatsächlich von Beginn an zum politischen Aufstieg getrieben haben, zumal er selbst erlebt hatte, dass ein *homo novus* (Marius) und ein verarmter Aristokrat (Sulla) die Macht im Staat erlangt hatten. Vor allem die Gestalt des Oheims – des führenden Feldherrn seiner Zeit, gepriesen als Retter Roms – dürfte den Knaben in höchstem Maße beeindruckt haben. Bei seinem scharfen Verstand können wir zugleich annehmen, dass er bereits früh die strukturelle Krise der Republik erkannte und eigene Vorstellungen zu ihrer Bewältigung entwickelte; mehr darf man allerdings zu diesem Zeitpunkt nicht vermuten.

CAESAR

EIN POPULARER DEMAGOGE

«Denn um die tatsächliche Situation kurz zu charakterisieren: Wer auch immer nach jener Zeit den Staat in Unruhe brachte, tat es mit ehrenvollem Vorwand – die einen, um angeblich die Rechte des Volkes zu schützen, die anderen, um das Ansehen des Senates zu erhöhen; sie gaben vor, für das Staatswohl zu handeln, kämpften aber tatsächlich für ihre persönliche Macht.»
(Sallust, Catil. 38,3)

Abb. 9
Caesar. Der bekannte Porträtkopf ist vom Stil der augusteischen Klassik geprägt; deren typische Idealisierung zeigt sich im (geschönten) vollen Haar Caesars (Musei Vaticani, Sala dei Busti); vgl. dazu die zeitgenössische Büste von Agliè (Abb. 66).

Die ersten Jahrzehnte seines Lebens dominiert bei Caesar die politische, nicht die militärische Tätigkeit; das unterscheidet ihn grundlegend von Alexander d. Gr. und Napoleon. So blieb er auch an den großen kriegerischen Entscheidungen dieser Jahre unbeteiligt – den Feldzügen des Lucullus gegen Mithridates VI. von Pontos, dem Krieg gegen Sertorius in Spanien, dem Kampf gegen Spartacus in Italien.

Die ersten Auftritte als Redner und Anwalt hatten dem jungen Demagogen keine unmittelbaren Erfolge beschert, wohl aber Ansehen und Beliebtheit bei der Plebs – künftig ein entscheidender Faktor für seinen politischen Aufstieg. Denn die Günstlinge Sullas waren dem Volk verhasst; auch Cicero erntete seine ersten rhetorischen Lorbeeren in einem Prozess, der die Grausamkeit und schamlose Bereicherung der siegreichen Optimaten bloßgestellt hatte.

Erst mit dem Konsulat des Pompeius und Crassus zeichnete sich ein grundlegender politischer Wandel ab; selbst als Günstlinge des Dictators zu Macht und Reichtum aufgestiegen, beseitigten sie die konservative sullanische Ordnung und ermöglichten so den Popularen – und damit Caesar – die erneute Betätigung (70 v. Chr.). Unklar ist allerdings, inwieweit er damals bereits an den innenpolitischen Auseinandersetzungen beteiligt war. Vielfach ist ihm in der Forschung eine heimliche Mitwirkung an einigen Gesetzesvorhaben zugeschrieben worden, die nicht von den antiken Quellen gestützt, sondern lediglich aufgrund seiner späteren Bedeutung vermutet wurde.

Abb. 10
Forum Romanum. Bis zu seiner grundlegenden Umgestaltung (s. S. 85–88) war das Forum wirtschaftliches und politisches Zentrum der Stadt. An diesem traditionsreichen Ort begann auch der politische Werdegang des jungen Caesar.

Schmerzlich trafen ihn der Tod der Tante Iulia und seiner Gattin Cornelia (68 v. Chr.). Bei der Leichenrede für Iulia rühmte Caesar adelsstolz die königliche und göttliche Abstammung seiner Familie (s. S. 17 f.); zugleich aber nutzte er das Leichenbegängnis zu einer wirkungsvollen Demonstration seiner popularen Gesinnung: Unter den Bildern der bedeutenden Vorfahren wurde auch das Abbild des verfemten Marius aufgeführt – sehr zur Freude der römischen Plebs, für die Optimaten dagegen eine Kränkung und Kampfansage!

Seine junge Gemahlin ehrte Caesar gleichfalls mit einer öffentlichen *laudatio funebris*; für junge Frauen war dies nicht üblich, zeigte aber den jungen Witwer von seiner menschlich-empfindsamen Seite und weckte so das Mitgefühl und die Sympathie des Volkes für den Trauernden. Ebenso wie die Weigerung, sich scheiden zu lassen, deutet sein Verhalten darauf hin, dass die politisch begründete Eheschließung zu einer wirklichen Liebesheirat geworden war.

Erste Ämter

In demselben Jahr bekleidete Caesar das erste Staatsamt und trat damit in den Senat ein; seine Amtsführung als Quaestor in Spanien wurde allgemein gelobt. Auf dem Rückweg nach Rom knüpfte er erste Kontakte zu den Bewohnern der Provinz Gallia Cisalpina. Diese erstrebten

Abb. 11
Joseph Marie Vien, Caesar vor der Statue Alexanders des Großen (1767). Für das königliche Schloss zu Warschau schuf der Lehrer von Jacques-Louis David das Gemälde, das zugleich die Ruhmbegierde seines Stifters, des Königs Stanislaus Poniatowski, verherrlichen sollte (Warschau, Schlossmuseum).

das römische Bürgerrecht, Caesar suchte Unterstützung für seine politischen Ziele – die Verbindung sollte in den folgenden Jahren für beide Seiten hochwichtig werden.

Mit dem Aufenthalt in Spanien verbindet die Überlieferung auch den Besuch eines Heiligtums in Gades (Cadíz); hier soll Caesar vor einer Statue Alexanders d. Gr. geklagt haben, er habe noch nichts Erinnerungswürdiges vollbracht in einem Alter, in dem der Makedone den Erdkreis unterworfen hätte (Abb. 11).

Als Aedil (65 v. Chr.) bot sich dem jungen Politiker die große Chance, seine Popularität zu mehren. Denn ihm oblag die Ausrichtung der beim Volk höchst beliebten Wagenrennen und Gladiatorenspiele, die damals noch auf dem Forum Romanum stattfanden. Zum Gedenken an seinen Vater ließ er 320 Fechter miteinander kämpfen; eine höhere Anzahl hatte der Senat verhindert, da er darin die Gefahr einer Privatarmee erblickte; daher stattete Caesar die Kämpfer mit silbernen Rüstungen aus. Geschickt erreichte er, dass zwar sein Kollege M. Bibulus (sein späterer Amtsgenosse im Konsulat) einen großen Teil der Kosten tragen musste, der Ruhm aber allein ihm zufiel.

Noch lauter jubelte das Volk , als er die gestürzten Siegesdenkmäler des Marius wiedererrichten ließ. Dass er aber nicht nur propagandistisch wirkte, sondern auch pragmatische Maßnahmen durchführte, zeigten die Arbeiten zur Ausbesserung der Via Appia, zu denen er aus eigenem Vermögen beisteuerte.

So war Caesar mit hohen Schulden belastet, die sich bei seiner Bewerbung um das Amt des Pontifex Maximus noch erhöhten. Seine Situation war so verzweifelt, dass er vor der Abstimmung seiner Mutter erklärte, sie sähe ihn nur als Sieger oder als Verbannten wieder. Aber die Wahlgeschenke zahlten sich aus – er siegte gegen zwei hoch angesehene Mitbewerber (63 v. Chr.; Abb. 12).

Abb. 12
Forum Romanum, Regia. Das legendäre Haus des mythischen Priesterkönigs Numa Pompilius diente später als Amtsgebäude des Pontifex Maximus. In dem archaischen Bau wurden die heiligen Schilde als Unterpfand der Weltherrschaft sowie das Archiv mit den Annalen und dem Kalender bewahrt.

Abb. 13
M. Tullius Cicero. Einen Meister der Sprache und wahren Freund seines Vaterlandes – so nannte ihn später Augustus; als Politiker überschätzte Cicero jedoch den eigenen Einfluss (Rom, Musei Capitolini, Sala dei Filosofi).

Caesar – ein Verschwörer?

Der römische Staat sah sich in diesem Jahr einer erneuten Bedrohung ausgesetzt – der Verschwörung des L. Sergius Catilina. Als Günstling Sullas bis zur Praetur aufgestiegen, war er mehrfach bei der Bewerbung um das Konsulat gescheitert; für 63 v. Chr. war der *homo novus* M. Tullius Cicero gewählt worden (Abb. 13). Zweifellos einer der größten Redner und Schriftsteller seiner Zeit, litt dieser allerdings unter hemmungsloser Selbstüberschätzung in den politischen Auseinandersetzungen, ebenso unter maßloser Eitelkeit; bei jeder Gelegenheit hat er in kaum erträglichem Eigenlob seine Verdienste um die Aufdeckung des Putschversuchs gepriesen. Erst dadurch und durch die historische Monographie des Sallust (*De coniuratione Catilinae)* wurde das dilettantische Unternehmen zu (überhöhter) historischer Bedeutung erhoben.

Bei der Wahl für das folgende Jahr erneut durchgefallen, plante Catilina die Ermordung Ciceros und sammelte bei Faesulae (Fiesole) eine Armee von etwa 10 000 verarmten und verzweifelten Existenzen. Der Konsul war jedoch durch sein hervorragendes Agentennetz über die Entwicklung informiert; durch seine berühmte 1. Rede gegen Catilina zwang er den Verschwörer, Rom zu verlassen. Als dessen in der Stadt verbliebene Anhänger mit den gallischen Allobrogern konspirierten, schlug Cicero zu; die Putschisten wurden verhaftet.

Caesar und Cato

Die kontroverse Debatte um das Schicksal der Catilinarier nahm Sallust später zum Anlass für die Gegenüberstellung von Caesar und Cato: «Beide waren nahezu gleich an Herkunft, Alter und Beredsamkeit, in der Größe des Geistes und an Ruhm ebenbürtig, aber in ihrer Wesensart vollkommen unterschiedlich. Caesar galt durch Freundschaftsdienste und Freigebigkeit als groß, Cato durch seine untadelige Lebensführung. Jener wurde berühmt durch Milde und Mitleid, diesem hatte die Strenge das Ansehen gemehrt. Caesar erlangte Ruhm durch Schenken, Helfen, Verzeihen, Cato dagegen, indem er nichts schenkte. Bei dem einen fanden die Unglücklichen Zuflucht, bei dem anderen die Bösen ihr Verderben» (Sallust, Catil. 54,2 f.).

Bei der Verhandlung über ihr Schicksal beantragte der designierte Konsul D. Iunius Silanus im Senat die Todesstrafe und erfuhr allgemeine Zustimmung. Caesar dagegen lehnte diese als gegen das römische Herkommen ab – er hatte zu Beginn desselben Jahres in einer diesbezüglichen Angelegenheit einen Aufsehen erregenden Schauprozess geführt – und plädierte für lebenslange Haft und Einziehung des Vermögens. In der ersten stenographisch festgehaltenen Rede der Geschichte setzte schließlich Cato das Todesurteil durch; im Tullianum starben die Verschwörer von Henkershand. Im folgenden Jahr fiel Catilina mit seinen Getreuen in verzweifeltem Kampf bei Pistoria (Pistoia).

Nicht nur wegen des milderen Vorschlages zur Bestrafung der Catilinarier, sondern auch wegen seines offenkundigen Rufes als «umstürzlerischer Demagoge» galt Caesar vielen Zeitgenossen als Mitwisser der Verschwörung; im Senat wurde er daher von einigen Rittern mit dem Schwert bedroht und nahm deshalb an den folgenden Sitzungen nicht mehr teil. Ob er tatsächlich an dem Putschversuch beteiligt war, ist höchst zweifelhaft; allein die realistische Einschätzung der Erfolgsaussichten muss ihn von dem schlecht vorbereiteten Plan abgehalten haben, zumal angesichts der Wahl zum Pontifex Maximus und zum Praetor für das folgende Jahr. Hier boten sich dem aufstrebenden Politiker größere Chancen!

Die Praetur

Das Amtsjahr als Praetor (62 v. Chr.) brachte außer einigen Auseinandersetzungen im Senat keine nennenswerten politischen Ereignisse, wohl aber einen Aufsehen erregenden Skandal im Privatleben Caesars. Seit mehreren Jahren hatte er die Ambitionen des Cn. Pompeius unterstützt (s. S. 33) und daher dessen Verwandte Pompeia geheiratet (67 v. Chr.).

Diese wurde umworben von einem der bekanntesten Schürzenjäger der römischen Aristokratie, P. Clodius Pulcher. Er versuchte sich ihr bei einem Fest der Bona Dea zu nähern, das im Hause Caesars stattfand und bei dem nur Frauen zugelassen waren. Die Verkleidung des Liebhabers erwies sich jedoch als unzureichend; er wurde entdeckt. Der Skandal war groß, handelte es sich doch nicht nur um einen einfachen Ehebruch – damals im römischen Adel an der Tagesordnung – sondern um einen Frevel an den Göttern. Caesar jedoch verweigerte im Prozess gegen den Rivalen die Aussage; Clodius wurde freigesprochen und war fortan der erbitterte Feind Ciceros, der seine Verurteilung betrieben hatte; Caesar hatte dagegen für die Zukunft einen nützlichen Verbündeten gewonnen. Seiner Gattin schickte er den Scheidebrief, da seine Frau nicht nur von Verbrechen, sondern auch von jedem Verdacht frei sein müsse.

Die Provinzstatthalterschaft übte er im folgenden Jahr als Propraetor erneut in Hispania Ulterior aus. Die Abreise erwies sich als schwierig: Caesars Schulden hatten eine derartige Höhe erreicht, dass ihn die Gläubiger nicht abreisen ließen, bis M. Licinius Crassus für seine Verbindlichkeiten die Bürgschaft übernahm. In der Provinzverwaltung bewährte er sich erneut: Er verringerte die Abgaben und engagierte sich für die Interessen der Bewohner, etwa in einer milderen Regelung der Schuldentilgung. Zugleich bewies er im ersten größeren militärischen Kommando sein Talent als Feldherr. Nach Erfolgen gegen kriegerische Bergstämme wurde er von seinen Truppen zum *imperator* ausgerufen, der Senat bewilligte ihm ein Dankfest und einen Triumph. Außerdem konnte er während der Statthalterschaft – unter anderem durch die Kriegsbeute – seine Schulden begleichen.

Auf dem Weg nach Spanien soll sich in einem kleinen Alpendorf die viel zitierte Episode ereignet haben, nach der Caesar auf die Frage, ob es auch hier Rivalitäten und Machtkämpfe gäbe, geantwortet habe: «Ich jedenfalls würde lieber bei diesen der Erste sein als in Rom der Zweite» (Plut. Caes. 11,4).

Zu diesem Zeitpunkt war Caesar freilich noch weit von einer führenden Stellung in Rom entfernt; zu dominierend waren dort Pompeius und Crassus. Auch wenn er sich in den ersten Ämtern bewährt hatte, mehr als ein erfolgreicher Demagoge war er bisher nicht – einer unter mehreren ehrgeizigen Politikern, die Macht und Reichtum erstrebten. Der nächste Schritt auf dem Weg dorthin war die Bewerbung um das Konsulat.

EIN DEMAGOGE WIRD ZUM STAATSMANN

«Daher sagte Cato, diejenigen irrten sich, die behaupteten, der Staat sei durch den späteren Streit zwischen Pompeius und Caesar gestürzt worden . . .; denn nicht ihre Zwietracht und Feindschaft, sondern ihre Verbindung und Einigkeit sei für Rom das erste und größte Unglück gewesen.»
(Plutarch, Pomp. 47,2 f.)

Abb. 14
Cn. Pompeius Magnus. Als bedeutendster Feldherr seiner Zeit beherrschte er zunächst auch die römische Innenpolitik; dem staatsmännischen Genie Caesars war er freilich nicht gewachsen (Kopenhagen, Ny Carlsberg Glyptotek).

Abb. 15
(Sog.) M. Licinius Crassus. Ehrgeizig und skrupellos, rivalisierte der reichste Mann Roms mit Cn. Pompeius um die führende Stellung in der untergehenden Republik. Lange Zeit galt diese Büste als Porträt des Triumvirn; heute wird diese Zuordnung nahezu einhellig abgelehnt (Paris, Musée du Louvre).

Zur Bewerbung um das höchste Staatsamt musste Caesar freilich auf seinen Triumph über die spanischen Stämme verzichten; die erhoffte Erlaubnis, sich in Abwesenheit bewerben zu dürfen (vor einem Triumph durfte ein Feldherr die Stadt Rom nicht betreten), war ihm vor allem durch Catos Eingreifen nicht gewährt worden. Um seine Wahl zum Konsul zu erreichen, erstrebte er ein Bündnis mit den beiden mächtigsten Männern Roms – Pompeius und Crassus.

Im Bürgerkrieg hatte Cn. Pompeius (Abb. 14) auf Sullas Seite erste Erfolge errungen; durch die Niederwerfung der letzten Anhänger des Marius in Spanien, die Säuberung des Mittelmeeres von der Seeräuberplage in kürzester Zeit und den endgültigen Sieg über Mithridates VI. von Pontos (66–63 v. Chr.) war er zum führenden Militär Roms aufgestiegen; sein Siegeszug hatte ihn bis in den Kaukasus geführt. Die Bestätigung seiner Maßnahmen in Asien und die Ansiedlung seiner Veteranen hatte der Senat jedoch bisher verschleppt; der erfolgreiche Feldherr mochte bedauern, dass er bei der Rückkehr nach Italien sein Heer entlassen hatte. Mit ihm rivalisierte M. Licinius Crassus (Abb. 15), der reichste Mann Roms, dem jedoch bis auf die Niederwerfung des Spartacus (71 v. Chr.) militärischer Ruhm fehlte; auch wenn er gemeinsam mit Pompeius die sullanische Ordnung beseitigt hatte, standen sich beide Machthaber seither feindselig gegenüber.

1. Triumvirat

Abb. 16
Marcello Fogolino:
Das 1. Triumvirat (1532).
In der Stanza del Torrione der bischöflichen Residenz von Trient schuf Marcello Fogolino vier Deckenbilder mit Darstellungen aus dem Leben Caesars (Trient, Castel del Buonconsiglio).

Es war Caesars diplomatische Meisterleistung, die Gegner zu versöhnen. Mit Crassus war er seit langem freundschaftlich verbunden; Pompeius hatte er bereits früher in der Frage der außerordentlichen Kommandos gegen die Piraten und im Krieg gegen Mithridates unterstützt (diese mehrjährigen Kommandos waren eine flexible Reaktion des Senates auf das Problem der Annuität, die eine längere Kriegführung durch erfolgreiche Feldherren verhindert hatte); zudem war er mit ihm durch seine zweite Heirat verbunden. Nun erreichte er ein privates Abkommen gegen den Senat: Die drei Politiker vereinbarten, nichts zuzulassen, was gegen die Interessen eines jeden von ihnen verstieße. Militärische Macht, Geld und die Popularität Caesars beim Volk fanden in diesem 1. Triumvirat zusammen (60 v. Chr.; Abb. 16), das einem zeitgenössischen Satiriker als dreiköpfiges Ungeheuer erschien, dem Höllenhund Kerberos vergleichbar.* Be-

* Zu unterscheiden ist zwischen diesem privaten, anfangs auch geheimen Bund und dem 2. Triumvirat zwischen M. Antonius, Octavian und Lepidus (43 v. Chr.), das aufgrund eines Gesetzes als außerordentliches Staatsamt entstand.

siegelt wurde der Bund durch die Heirat des Pompeius mit Caesars Tochter Iulia; aus der politischen Verbindung wurde trotz des großen Altersunterschiedes eine glückliche Ehe. Dagegen scheiterte der Versuch, auch Cicero in das Bündnis der drei Mächtigen einzubeziehen.

Mit der politischen und finanziellen Unterstützung der beiden Verbündeten siegte Caesar bei den Wahlen für das folgende Jahr; sein Kollege wurde erneut der Optimat M. Bibulus (59 v. Chr.). Erste Maßnahme des neuen Konsuls war, dass künftig alle Verhandlungen vor Senat und Volk veröffentlicht wurden – eine ungewohnt demokratische Neuerung in einer Adelsrepublik, die sich im Grundsatz darin einig war, dass für das Volk regiert werden müsse, keinesfalls aber durch das Volk.

Abb. 17
Senatssitzung. Die Sitzungen des Gremiums, das einst Beobachtern wie eine Versammlung von Königen erschien, waren zur Zeit Caesars geprägt von Tumulten und Obstruktion (Sammlung Helmut Saiger).

Reformgesetze

Wichtigstes Projekt seiner Amtszeit sollte ein Agrargesetz werden: Die Einrichtung neuer Siedlerstellen sollte den Bauernstand fördern, zudem die Zahl der Empfänger von staatlicher Unterstützung verringern. Anfangs suchte Caesar dafür die Zusammenarbeit mit dem Senat; doch war offenbar sein Ruf als Demagoge in diesem Gremium so verfestigt, die Abneigung gegen die für die Popularen charakteristischen Siedlungsprogramme so grundsätzlich, dass er auf schroffe Ablehnung stieß. So legte er fortan die Gesetze der Volksversammlung vor, deren Zustimmung er gewiss sein konnte.

Dagegen gingen die Optimaten mit den erprobten Mitteln der Obstruktion vor: Senatsbeschlüsse wurden durch Dauerreden verhindert (Abb. 17), mögliche Termine für die Volksversammlungen zu religiösen Feiertagen erklärt, an denen Abstimmungen unzulässig waren. Daraufhin setzte Caesar ohne Rücksicht auf diesen Missbrauch sein Gesetz in der Versammlung der Plebs durch. Auch vor Gewalt schreckte er nicht zurück; bei Unruhen auf dem Forum kam es zu schweren Ausschreitungen gegen seinen Mitkonsul. Dieser verzichtete für den größten Teil seiner Amtszeit auf jede weitere Tätigkeit; er erklärte lediglich alle Maßnahmen Caesars für ungültig. Damit ergab sich für diesen künftig ein gravierendes Problem: Sobald er kein Staatsamt bekleidete (gegen einen amtierenden Magistraten war kein Prozess möglich), musste er wegen seiner «gesetzwidrigen» Amtsführung mit einer Anklage und damit dem Ende seiner politischen Laufbahn rechnen; diese Situation sollte maßgebliche Bedeutung beim Ausbruch des Bürgerkrieges gewinnen (s. S. 59).

Nun führte Caesar seine weiteren Gesetzesvorhaben durch: Das Siedlungsgesetz wurde durch ein zweites ergänzt, das auch in Campanien neue Bauernstellen vorsah; 20 000 Bürger wurden angesiedelt, das im 2. Punischen Krieg für seinen Abfall hart bestrafte Capua als *colonia* erneuert; auch die Verwaltung der Provinzen wurde reformiert. Den Wünschen des Pompeius entsprachen die Bestätigung der Neuordnung Asiens und die Berücksichtigung seiner Veteranen bei der Verteilung der neuen Bauernstellen, Crassus' Interessen kam die Verringerung der Pachtsummen für die *publicani* (Steuerpächter) entgegen.*

* Anstelle einer staatlichen Finanzverwaltung wurde in Rom die Eintreibung von Steuern gegen eine festgelegte Pacht privaten Unternehmern überlassen.

Ergebnisse des Konsulates

Die Reformen – nach einem zeitgenössischen Witzwort beschlossen «unter dem Konsulat des Iulius und des Caesar» (Suet. Caes. 20,2)** – nützten zweifellos der eigenen Klientel und damit seinen persönlichen Ambitionen. Aber die Erneuerung des Bauerntums, die Verringerung von staatlicher Unterstützung und der Schutz der Provinzialen vor der Ausplünderung durch die Statthalter wiesen zugleich den Weg aus der tiefen Krise des Staates. Selbst ein Caesar-kritischer Historiker hat dies treffend charakterisiert: «Wenn Caesar als Consul gezeigt hatte, daß er vor keiner Gewalttat zurückschreckte und die bestehende Staatsordnung ihm völlig gleichgültig war, so hatte er gleichzeitig erwiesen, daß mehr in ihm steckte, als ein ehrgeiziger und turbulenter Demagoge. Seine Gesetze über die Landanweisungen und die Ordnung der Provinzialverwaltung waren große staatsmännische Schöpfungen, die eine verheißungsvolle Zukunft in sich trugen» (Ed. Meyer, Caesars Monarchie und das Principat des Pompejus, Darmstadt 1974, 91).

Dass Caesar die Maßnahmen seines Konsulates als Dictator weiterführte, lässt vermuten, dass er schon damals Vorstellungen für eine umfassende Staatsreform entwickelt hatte. Das Verhältnis zum Senat war allerdings durch sein rücksichtsloses Vorgehen und die offene Missachtung der – wenngleich von den Gegnern missbräuchlich verwendeten – religiösen und verfassungsmäßigen Traditionen unheilbar zerrüttet.

** Die Römer bezeichneten die Jahre nach den Konsuln; erst später kam die fortlaufende Jahreszählung auf.

Ein militärisches Kommando

Für die folgenden Jahre erstrebte Caesar ein bedeutendes militärisches Kommando, um seine Stellung durch die Erringung von Ruhm und Reichtum – dem Aufstieg des Pompeius vergleichbar – zu festigen. Der Senat hatte versucht, dies durch einen Beschluss zu verhindern, der den Konsuln des Jahres 59 v. Chr. die Neuordnung der Wälder Italiens zuwies. Auch hier schuf ein Volksbeschluss Abhilfe: Er übertrug Caesar für fünf Jahre die Provinzen Gallia Cisalpina (Norditalien) und Illyricum (Kroatien). Als überraschend der Statthalter für Gallia Ulterior (Südfrankreich) starb, fügte der Senat auf Antrag des Pompeius auch diese Provinz hinzu; seine Entscheidung sollte welthistorische Bedeutung erlangen!

Bevor Caesar in seine Provinzen abreiste, traf er wirksame Maßnahmen gegen die innenpolitischen Gegner. Clodius, den er im Bona-Dea-Prozess geschont hatte, wurde zu seiner Waffe gegen Cicero: Als Volkstribun trieb er den Redner durch ein Gesetz in die Verbannung, das sich gegen diejenigen richtete, die römische Bürger ohne Anrufung des Volkes hatten hinrichten lassen – wie Cicero die Mitverschwörer Catilinas (s. S. 29). Cato, der sich den Reformmaßnahmen Caesars mannhaft widersetzt hatte, erhielt den Auftrag, das Königreich Zypern in eine Provinz umzuwandeln, und wurde so aus Rom entfernt.

CAESAR

DIE EROBERUNG GALLIENS

Abb. 18
Tropaion. Ein Denar Caesars zeigt das Siegesmal mit erbeuteten Waffen (48/47 v. Chr.); seinen Namen verdankt es der ursprünglichen Sitte, das Monument an der Stelle aufzustellen, wo sich der Feind zur Flucht (griech.: «tropé») gewandt hatte (Privatbesitz).

«Mit den kriegerischen Völkern der Germanen und Helvetier hat er in gewaltigen Schlachten mit größtem Erfolg gekämpft, die anderen in Schrecken versetzt, zurückgetrieben, bezwungen, der Herrschaft des römischen Volkes unterworfen. Gegenden und Völker, von denen uns zuvor kein Buch, kein Bericht, kein Gerücht Kunde gebracht – diese haben unser Feldherr, unser Heer und die Waffen des römischen Volkes durchmessen.»

(Cicero, prov. 33)

Abb. 19
Karte Galliens. Ein (höchst reizvoller) Vergleich mit einer aktuellen Landkarte zeigt: Die Namen der gallischen Stämme leben in den französischen Städtenamen fort bis in unsere Zeit.

Gallien in seiner Gesamtheit ist in drei Teile gegliedert. Den einen bewohnen die Belger, den andern die Aquitanier, den dritten, die in ihrer eigenen Sprache Kelten, in unserer aber Gallier genannt werden» – so beschreibt Caesar selbst den Schauplatz seines Gallischen Krieges (Caes. Gall. 1,1,1): besiedelt von den kleinen Stämmen der iberischen Aquitanier im Südwesten des Landes, den aus Galliern und Germanen gemischten belgischen Völkern des Nordostens und den zahlreichen keltischen Stämmen im Kernland Galliens (Abb. 19).

Obwohl sie den Höhepunkt ihrer historischen Entwicklung damals bereits überschritten hatten – ein zu unterschätzender Gegner waren die Kelten nicht! Ursprünglich im heutigen Süddeutschland und Frankreich ansässig, dehnten sie später ihre Siedlungsgebiete weit aus; zu unbekanntem Zeitpunkt eroberten sie große Teile Spaniens und der Britischen Inseln, wo sich ihre Sprache in einigen Landschaften bis heute bewahrt hat. Zu Beginn des 4. Jhs. v. Chr. überrannten sie die etruskischen Städte Norditaliens und plünderten Rom (387 v. Chr.); über den Balkan erreichten sie Griechenland und drangen bis Delphi vor (279 v. Chr.). In Kleinasien von den Herrschern Pergamons besiegt – daran erinnerte der Pergamonaltar als Triumphmonument – siedelten sie später um Ancyra (Ankara); bis in die Spätantike ist dort der Gebrauch der gallischen Sprache überliefert. Auch wenn sie keine eigene Schrift entwickelten, sondern das griechische Alphabet verwendeten, waren sie keineswegs «Barbaren»; die reiche Ornamentik der keltischen Kunst lebt bis in die irische Buchmalerei des frühen Mittelalters fort. Die *oppida* der Gallier besaßen bereits einen stadtähnlichen Charakter, ihre Bewaffnung war hervorragend. Zur Zeit Caesars wurden sie von zwei Seiten bedrängt: Von Süden durch die Römer, die bereits die keltischen Siedlungsgebiete in Oberitalien (225 v. Chr.) und Südgallien (121 v. Chr.) unterworfen hatten, von Osten durch den zunehmenden Druck der Germanen. Als entscheidende Schwäche erwies sich dabei die Uneinigkeit der gallischen Stämme, die sich niemals zu einem Staat oder Stammesbund zusammenfanden; als Vercingetorix dies erstmals mit Erfolg begann, war es bereits zu spät.

Ein Zufall hatte Caesar die Statthalterschaft in Gallien jenseits der Alpen beschert – er sollte in der europäischen Geschichte bis heute fortwirken. Denn in den folgenden Jahren wandelte sich das Imperium Romanum von einem Mittelmeerreich zu einem Staat, der nach West- und Mitteleuropa ausgriff; die lateinische Prägung bestimmte das Schicksal Frankreichs und Europas bis in unsere Zeit. Für den Aufstieg Caesars zur Alleinherrschaft war der Gallische Krieg ein entscheidender Faktor; doch bleibt sein Weg zur Macht auch vorstellbar, wenn man – von seiner Provinz Illyrien ausgehend – annimmt, dass er durch Feldzüge auf dem Balkan gleichfalls seine Ziele erreicht hätte.

Barbaren

In lautmalerischer Beschreibung der unverständlichen fremden Sprachen (gegenüber dem Wohlklang des Griechischen) bezeichneten die Hellenen alle anderen Völker als «Barbaren», der Begriff konnte ohne Wertung, aber auch mit negativem Beiklang gebraucht werden Unter dem Eindruck der persischen Bedrohung entstand die Vorstellung eines grundlegenden Gegensatzes zwischen griechischer Freiheit und «barbarischer Despotie», aber auch der idealisierte Barbar erscheint in der antiken Literatur. Seit dem Hellenismus trat zunehmend der Gegensatz zwischen Humanität und Unbildung an die Stelle ethnischer Unterschiede. Im deutschen Sprachgebrauch lebt der Begriff im Namen der Berber fort, ebenso im Rhabarber, der Pflanze von den Ufern der barbarischen Wolga.

Der Krieg gegen die Helvetier (58 v. Chr.)

Unter germanischem Druck standen auch die Helvetier (an sie erinnert noch heute das Schweizer Autokennzeichen CH – Confoederatio Helvetica) im Gebiet der heutigen Schweiz; ursprünglich am Main ansässig, waren sie immer weiter zurückgedrängt worden. Auf Anraten des ehrgeizigen Adligen Orgetorix beschlossen sie, in das fruchtbare Südwestgallien auszuwandern; dieser plante, dadurch eine monarchische Stellung zu erlangen, und verband sich zu demselben Ziel mit führenden Aristokraten anderer mächtiger Stämme. Auch nach Aufdeckung der Verschwörung und dem Sturz des Orgetorix hielten die Helvetier an ihrem Vorhaben fest; als Tag des Aufbruchs war der «28. März 58 v. Chr.» festgelegt.*

* Tatsächlich hatte sich der römische Kalender damals um etwa drei Monate verschoben (s. S. 80), der erwähnte Termin entsprach demnach ungefähr der Wintersonnenwende (59 v. Chr.) und war für ein Bauernvolk leicht einzuhalten.

Abb. 20
Schlachtrelief (1. Jh. n. Chr.). Die Sockelreliefs auf dem Julier-Monument von St. Rémy (Provence) zeigen vielfiguriges Schlachtgetümmel; umstritten bleibt, ob sie die römischen Siege in Gallien verherrlichen.

Ihre Bitte, den Durchzug durch das jenseitige Gallien zu gestatten, schlug Caesar ab. Aber auch als sie einen anderen Weg nahmen, erschien ihm – nach eigener Darstellung – ihr Vorhaben gefährlich, da keine natürliche Barriere die Provinz vor den künftigen Nachbarn schützte. Zudem waren ihm die Helvetier nicht unbekannt: In der Zeit des Kimbernzuges hatten sie eine römische Armee besiegt und zum Zeichen der Niederlage unter das Joch geschickt (107 v. Chr.).

Erstmals wird hier Caesars Vorgehen deutlich erkennbar: Sicher war er – zumal überraschend zum Statthalter bestimmt – ohne weit reichende Pläne in das Land gekommen. Jetzt reagierte er mit größter Entschlossenheit auf die gebotenen Chancen. Er benötigte zum weiteren Ausbau seiner Macht in Rom eine tüchtige und nur ihm ergebene Armee, zudem Reichtum und propagandistischen Erfolg. All das konnte er nur durch siegreiche Kriege erlangen; also musste er sie herbeiführen, falls sich dazu eine Gelegenheit bot – wie zu diesem Zeitpunkt. Die zumindest behauptete Bedrohung für römisches Gebiet erlaubte ihm, vorbeugend einzugreifen. Dazu hob er in der Provinz und in Italien Truppen aus und verfolgte die Helvetier. Hilfeersuchen der verbündeten Häduer erleichterten sein Vorgehen; an der Saône vernichtete er einen Teil der Feinde. Nach gescheiterten Verhandlungen kam es zur entscheidenden Schlacht bei Bibracte (bei dem heutigen Autun); nach langem Ringen und unter schweren Verlusten auf römischer Seite wurden die Helvetier geschlagen und zur Unterwerfung gezwungen (Abb. 20). Um ein Eindringen der Germanen in das menschenleere Gebiet zu verhindern, ließ Caesar die Reste des besiegten Volkes in die Heimat zurückkehren.

Der Feldzug gegen Ariovist (58 v. Chr.)

Ein erneuter Hilferuf seiner Bundesgenossen ermöglichte Caesar eine weitere Ausdehnung des römischen Einflusses in Gallien. Auf einem Landtag wurden ihm Klagen über den Suebenkönig Ariovist vorgetragen. Von den Sequanern in einem innergallischen Krieg für Sold gegen die Häduer herbeigerufen, hatte der Germanenfürst nach seinem Sieg bei Magetobriga (71? v. Chr.) eine eigene Herrschaft im heutigen Elsass begründet. Auch hier rechtfertigte Caesar sein Eingreifen außerhalb des römischen Machtbereichs einerseits durch die Verpflichtungen gegenüber den Verbündeten, zum anderen aber mit der drohenden Gefahr, ja mit dem alten «Kimberntrauma» aus der Zeit des Marius: «Dass aber die Germanen sich allmählich daran gewöhnten, den Rhein zu überqueren und in großer Zahl nach Gallien zu kommen, betrachtete er als Gefahr für das römische Volk. Er glaubte, diese wilden Barbaren würden sich nicht mit der Eroberung ganz Galliens begnügen, sondern wie einst die Kimbern und Teutonen in die Provinz, von dort weiter nach Italien ziehen» (Caes. Gall. 1,33,3 f.).

Allerdings sollte man das Vorgehen Caesars nicht einzig unter dem Aspekt seines – außer Zweifel stehenden – persönlichen Ehrgeizes betrachten. Vielmehr entsprach es römischem Brauch, wie der bekannte Vorwurf an T. Livius zeigt, nach seiner historischen Darstellung hätten die Römer die Welt in Notwehr erobert (übrigens ist die verfälschende Kennzeichnung des Gegners als Aggressor noch dem 20. und 21. Jh. keineswegs fremd!). Tatsächlich stießen im Kampf um Gallien zwei expansive Völker – Römer und Germanen – aufeinander; nach dem klassischen Wort Otto v. Bismarcks war das Hegemonialstreben beider gleich legitim!

Nachdem Ariovist seinen Aufforderungen, die einem Verzicht des Sueben auf die Machtstellung in Gallien gleichkamen, nicht entsprochen hatte, zog ihm Caesar bis Vesontio (Besançon), der Hauptstadt der Sequaner, entgegen. Hier kam es zu Unruhen im römischen Heer, vor allem im Stab. Caesars Bericht hat diese – teils ironisch – auf die Furcht der jungen adligen «Bürschchen» (zu den Militärtribunen s. S. 19 f.) vor den Schrecken erregenden Riesengestalten der germanischen Gegner zurückgeführt, die er in einer psychologisch geschickten Rede überwand. Vorstellbar ist allerdings auch, dass unter den Offizieren Bedenken aufkamen, ohne Zustimmung des Senates einen Krieg zu beginnen, zumal der Gegner unter Caesars eigenem Konsulat den Titel «König und Freund des römischen Volkes» erhalten hatte, also anders als die Helvetier mit Rom in einem völkerrechtlichen Verhältnis stand.

Nach dem Scheitern von persönlichen Verhandlungen mit Ariovist (Abb. 21) – bei denen der Suebe Caesar berichtete, dessen innerrömische Gegner hätten ihm mitgeteilt, er würde sich durch seine Beseitigung ihren Dank erwerben – kam es im September an unbekanntem Ort (im Elsass oder in der Franche – Comté) zur Schlacht. Sie

Ariovist und die «Inder»

Nach dem Bericht des Plinius (n.h. 2,170) erhielt der spätere Konsul Q. Metellus Celer vom König der Sueben einige «Inder» zum Geschenk, die über das Meer verschlagen waren (62 v. Chr.). Bei diesem Germanenherrscher dürfte es sich um Ariovist gehandelt haben, wie seine Kontakte zum römischen Adel nahelegen. Diese «Inder» waren wohl kaum Asiaten, sondern eher (bedenkt man die atlantischen Strömungen) Indianer oder Inuit – damit wäre Ariovist der erste Europäer, der Bewohner Amerikas zu Gesicht bekam!

Abb. 21
Caesar und Ariovist.
Als Eskorte für die Unterredung mit dem Suebenkönig hatte Caesar römische Legionäre bevorzugt, da er den gallischen Verbündeten wenig Vertrauen schenkte. Er gab ihnen deren Pferde; da die großen Infanterieschilde die Tiere verletzt hätten, dürften sie auch die gallischen Rundschilde mitgeführt haben (Sammlung Stephan Elbern).

endete mit der vernichtenden Niederlage der Germanen; Ariovist selbst entkam über den Rhein und starb einige Jahre später. Dass Gallien (und damit Frankreich) römisch, nicht germanisch geprägt wurde, war die Folge dieser Schlacht, die man zu den entscheidenden der Geschichte zählen darf.

Zwei gefährliche Gegner hatte Caesar im ersten Jahr seiner Statthalterschaft bezwungen, das keltische Gallien seiner Herrschaft unterworfen, zudem seine Armee geschickt vergrößert. Aus dem popularen Demagogen war in kurzer Zeit einer der erfolgreichsten Feldherren Roms geworden.

Unterwerfung der Belger (57 v. Chr.)

Nachrichten über eine «Verschwörung» der belgischen Stämme ermöglichten Caesar im folgenden Jahr, auch im Nordosten des Landes einzugreifen und seine Armee durch die Aushebung von zwei neuen Legionen in der Provinz Gallia Cisalpina zu vermehren.

Nach der freiwilligen Unterwerfung der Remer – künftig seiner treuesten Verbündeten in Gallien – schlug er an der Aisne ein befestigtes Lager auf; gegen die vereinigten Stämme der Belger – wohl die größte Streitmacht, die Caesar je entgegentrat – blieb er in der Defensive, bis sich das feindliche Heer wegen der problematischen Lebensmittelversorgung selbst auflöste; danach wurden die einzelnen Stämme niedergeworfen.

Auf dem Marsch in das Gebiet der wegen ihrer Tapferkeit gefürchteten Nervier geriet er an der Sambre in einen Hinterhalt – eine der kritischsten Situationen in Caesars Feldherrnlaufbahn: «Wie er sah, waren die Soldaten so zusammengedrängt, dass sie sich gegenseitig am Kämpfen hinderten. Alle Centurionen der 4. Kohorte waren gefallen, der Signifer getötet, das Feldzeichen verloren; die Centurionen der anderen Kohorten waren fast alle verwundet oder gefallen ... einige aus den hinteren Reihen zogen sich aus der Schlacht, sogar aus der Schussweite zurück, die Feinde dagegen drängten unaufhörlich auf der Front den Hügel hinauf und griffen von beiden Seiten an. Die Lage war kritisch, es gab keine Reserven mehr» (Caes. Gall. 2,25,1). Nur sein persönliches Eingreifen in vorderster Linie und die Ankunft der römischen Nachhut retteten die Situation – nach heldenhaftem Kampf wurden die Nervier niedergeworfen.

Während Caesar ihrem Stamm Schutz und Schonung gewährte, zeigte er sich gegenüber den benachbarten Aduatukern gnadenlos, nachdem sie nach der Kapitulation erneut zu den Waffen gegriffen hatten: Er ließ alle Bewohner der eroberten Stadt als Sklaven verkaufen. Für seine Siege beschloss der Senat ein Dankfest von fünfzehn Tagen – eine solche Ehrung hatte noch kein siegreicher Feldherr erfahren!

Das ganze Gallien (56 v. Chr.)

Die Feldzüge des folgenden Jahres verliefen ohne außergewöhnliche Ereignisse. Der Versuch, die wichtige Straße über den Großen St. Bernhard dauerhaft zu sichern, scheiterte; erst Augustus sollte die Unterwerfung der kriegerischen Alpenvölker gelingen. Dagegen bezwang der Legat D. Brutus (einer der späteren Caesarmörder) die Veneter und andere Küstenstämme der Bretagne zur See. Da dieser Feldzug die Römer aufgrund der hervorragenden seemännischen Leistungen des Gegners vor erhebliche Probleme gestellt hatte, kannte Caesar auch hier keine Gnade: Unter dem Vorwand, die Veneter hätten das geheiligte Gesandtenrecht verletzt (tatsächlich hatten sie römische Offiziere gefangen genommen, die Getreide requirieren sollten), wurde die gesamte Oberschicht des Stammes hingerichtet, das Volk in die Sklaverei verkauft.

Danach warf sein Unterfeldherr P. Crassus, der Sohn des Triumvirn, in einem kurzen Feldzug Aquitanien nieder. Damit konnte Caesar Gallien als «befriedet» ansehen. Wahrscheinlich plante er zu diesem Zeitpunkt noch nicht die Einrichtung von Provinzen, sondern ein System von Klientelstämmen unter römischer Oberhoheit. Erst die großen Aufstände der folgenden Jahre sollten ihn zur Revision seines ursprünglichen Vorhabens zwingen.

Die Konferenz von Luca (56 v. Chr.)

Die Wintermonate, in denen im Altertum kein Krieg geführt wurde (das änderte sich erst mit den Massenheeren seit der Französischen Revolution), nutzte Caesar, um in der Gallia Cisalpina Gerichtstage abzuhalten. Gleichzeitig blieb er in Verbindung mit der römischen Innenpolitik. So akzeptierte er die Rückberufung Ciceros nach Rom (57 v. Chr.), die Pompeius wegen der zunehmenden Unbotmäßigkeit des Clodius betrieb. Dadurch gewann er ein politisches Gegengewicht zu dem aufsässigen Volkstribun, der bereits gegen Caesar selbst agitierte, ebenso die Unterstützung des großen Redners für seine eigenen Ziele; zudem bürgte dessen Bruder Quintus fortan als Legat in seinem Heer für künftiges Wohlverhalten.

Bereits kurz nach Beginn der Statthalterschaft in Gallien hatten sich erste Risse im Triumvirat gezeigt; Pompeius näherte sich dem Senat an und unterstützte den Volkstribun Milo gegen den gewalttätigen Clodius; sein Verhältnis zu Crassus war erneut zerrüttet. Auf einer Konferenz im mittelitalischen Luca (Lucca) gelang es Caesars diplomatischem Geschick nochmals, das Bündnis zu erneuern und Absprachen für die folgenden Jahre zu treffen (April, also tatsächlich Januar 56): Caesars Imperium in Gallien wurde um weitere fünf Jahre verlängert, Crassus sollte (zu seinem Verderben) Syrien, Pompeius beide spanische Provinzen erhalten. Auch die wichtigsten Ämter in Rom wurden für die nächsten Jahre vergeben.

Die Tagung von Luca zeigte die Triumvirn als gleichberechtigte Partner – Anzeichen einer grundlegenden Machtverschiebung. War Caesar vier Jahre zuvor Pompeius an Ansehen und Einfluss keineswegs ebenbürtig gewesen, trat er jetzt dem einst ruhmreichsten Feldherrn Roms gleichrangig gegenüber.

Bis an die Grenzen der Erde (55/54 v. Chr.)

Zu den grundlegenden Zielen Caesars in Gallien gehörte, den Zuzug weiterer Germanen wirksam zu unterbinden. Daher reagierte er mit äußerster Härte, als zu Beginn des folgenden Jahres die Usipeter und Tencterer unter suebischem Druck den Rhein überschritten und ihn um die Zuweisung von Land baten. Caesar hielt sie durch vage Zusagen hin; als es jedoch zu einem Zusammenstoß zwischen den Reitern beider Seiten kam, setzte er die Germanenfürsten, die ihn zur Rechtfertigung aufsuchten, fest und griff ihre führungslosen Stämme an; nur wenige entkamen dem blutigen Gemetzel. Der bekannte Antrag Catos, den «Sieger» für seinen Treubruch den Feinden auszuliefern, dürfte allerdings eher in der innenpolitischen Gegnerschaft wurzeln als in echter Empörung über eine derartige Behandlung von «Barbaren».

Zur Abschreckung der Germanen und Demonstration der römischen Macht, ferner zur Unterstützung der verbündeten rechtsrheinischen Ubier entschloss sich Caesar, den Rhein zu überschreiten; dazu ließ er – wohl in der Gegend von Neuwied – eine Brücke über den breiten Strom schlagen, die in ihrer Konstruktion Festigkeit mit Elastizität verband und bereits die Bewunderung der antiken

Abb. 22
Nach der Beschreibung Caesars (Gall. 4,17,3–10) entstand das Modell der Rheinbrücke (Rheinisches Landesmuseum Bonn).

Autoren hervorrief; in nur zehn Tagen war das Werk vollendet (Abb. 22). Der Feldzug selbst blieb dagegen ergebnislos, da sich die Feinde in die undurchdringlichen Wälder zurückzogen; nach achtzehn Tagen führte Caesar sein Heer nach Gallien zurück. Selbst wenn er zuvor insgeheim eine Ausdehnung der römischen Macht erwogen haben sollte – der Rhein blieb die Grenze des Reiches.

Dagegen verfolgte er wohl weitergehende Ziele, als er

Abb. 23 Im Kampf mit britischen Streitwagen. Einst hatte er die Schlachtfelder des Alten Orients beherrscht – zu Caesars Zeit war der Streitwagen längst von der beweglicheren Kavallerie abgelöst. Dennoch zeigten sich die Römer von der Geschicklichkeit der britannischen «essedarii» beeindruckt (Sammlung Hans-Rudolf Schmuck).

im selben Jahr einen Feldzug gegen Britannien begann – unter dem Vorwand, seine gallischen Gegner hätten von dort Unterstützung erhalten. Besaß die erste Landung noch den Charakter einer bewaffneten Erkundung, sollte der Feldzug des folgenden Jahres (54 v. Chr.) wohl tatsächlich der Eroberung der Insel dienen. Vom Hafen Itius (bei Calais?) setzte er mit fünf Legionen nach Britannien über. Nach mehreren Gefechten – in denen sich die eigentlich veralteten Streitwagen der Feinde als gefährliche Waffe erwiesen – stieß er bis über die Themse vor (Abb. 23). Schließlich unterwarfen sich die britischen Stämme und stellten den Römern Geiseln*; der von Caesar berichtete Tribut ist freilich nie geleistet worden.

Das Erstaunen der Zeitgenossen klingt noch bei Plutarch nach: «Denn als Erster befuhr er das westliche Meer mit einer Flotte und segelte mit einem Heer über den Atlantischen Ozean, um eine Insel zu erobern, an die man wegen ihrer Größe gar nicht glauben wollte und über die sich viele Schriftsteller heftig stritten; man behauptete sogar, ihr Name und die Berichte über sie seien erfunden, sie existiere nicht und habe auch nie existiert. Damit schob er die römische Herrschaft über die Grenzen des bis dahin bekannten Erdkreises hinaus.»
(Plutarch, Caes. 23,2 f.)

Wie der Rheinübergang, blieben auch die Expeditionen nach Britannien militärisch und politisch bedeutungslos. Ungeheuer aber war ihre propagandistische Wirkung: Ein zuvor selbst dem Namen nach unbekanntes Land erschien dem Imperium hinzugefügt. Vor allem aber verdunkelten Caesars Erfolge immer mehr die alten Siege und Triumphe des Pompeius.

* Der Begriff bezeichnet abweichend vom heutigen Sprachgebrauch den Bürgen eines Vertrages, also ein Instrument des antiken (und späteren) Völkerrechts.

Wachsender Widerstand (53 v. Chr.)

Die allmähliche Festigung der römischen Herrschaft in Gallien weckte zunehmend den keltischen Widerstand. Der einflussreiche Häduer Dumnorix, der bereits im Helvetierkrieg heimlich gegen die Römer opponiert hatte, weigerte sich, ihnen in Britannien Heerfolge zu leisten, und wurde daher getötet; die Römer zeigten sich offen als Herren des Landes.

Caesar in Paris

In diesem Kriegsjahr berichtet das «Bellum Gallicum»: «*(Caesar) concilium Lutetiam Parisiorum transfert*» – «Caesar verlegte den Landtag nach Lutetia, der Hauptstadt der Parisier» (6,3,4) – es ist die erste Erwähnung der heutigen Metropole!

Dass Caesar am Jahresende wegen einer Missernte die Winterquartiere der Legionen auf mehrere Gegenden verteilen musste, bot den Gegnern Gelegenheit zum Aufstand. Geschickt lockte Ambiorix, der Häuptling der belgischen Eburonen, fünfzehn römische Kohorten in einen Hinterhalt und vernichtete sie. Dieser Erfolg ermutigte die Nervier, ebenfalls das Winterlager des Q. Cicero anzugreifen; doch gelang es Caesar, seine bedrängten Truppen zu entsetzen.

Im folgenden Jahr unterwarf er die aufständischen

Abb. 24
Denkmal des Ambiorix. Das junge Königreich Belgien sah in dem Eburonenhäuptling einen «Nationalhelden». J. Bertin schuf sein Denkmal (1866) auf dem Marktplatz von Tongern, der ältesten Stadt des Landes; sie liegt an der Stelle des gallischen Aduatuca, wo Ambiorix Caesars Truppen vernichtete.

Stämme, während sein fähigster Legat T. Labienus Unruhen bei den Treverern niederschlug.

Dann überschritt er erneut den Rhein, um die Germanen davon abzuhalten, in den Krieg einzugreifen. Es folgte der Straffeldzug gegen die Eburonen; Caesar hatte geschworen, sich weder Haar noch Bart zu scheren, bis der Tod seiner Soldaten gerächt wäre. Der feindliche Stamm wurde ausgerottet – aber seinem verhassten Häuptling gelang die Flucht (Abb. 24).

Das sechste, etwas ereignisarme Buch seines «Gallischen Krieges» bereicherte Caesar um einen geographisch-ethnographischen Exkurs; das entsprach antiker Sitte, zumal die römischen Leser keinerlei Kenntnisse über den Kriegsschauplatz und seine Völker besaßen. Als erster Autor unterschied er Gallier und Germanen, die man zuvor gleichgesetzt hatte. Auch wenn er vielfach nur frühere Beschreibungen wiederholt – für die germanische und deutsche Geschichte ist sein Bericht als die älteste umfassende Darstellung von hoher Bedeutung!

CAESAR

DAS LETZTE AUFBÄUMEN GALLIENS

Abb. 25
Caesar und sein Stab. Das Grisaillebild des französischen Historienmalers Jean-Léon Gérôme (um 1863) zeigt den römischen Feldherrn im Kreis seiner Offiziere (Privatbesitz).

«Vercingetorix legte seine schönsten Waffen an und sprengte auf reich geschmücktem Ross zum Tor hinaus. Er ritt um Caesar, der auf seinem Tribunal thronte, im Kreis herum, dann sprang er vom Pferd, warf die Rüstung ab und setzte sich zu Füßen Caesars; hier verharrte er ruhig, bis man ihn wegführte, um ihn bis zum Triumph unter Bewachung zu halten.»

(Plutarch, Caes. 27,9 f.)

Nun schien Gallien endgültig bezwungen – aber die größte Krise stand Caesar noch bevor. Schwer und ungewohnt lastete die römische Herrschaft auf den Galliern; Tribute und Einquartierungen wurden als harte Belastung empfunden, die Plünderungen von Tempelschätzen hatten die religiösen Empfindungen verletzt, die Einführung römischer Rechtsnormen und Strafen den gallischen Stolz. Adel und Häuptlinge hatten ihren Einfluss weitgehend verloren. Den Galliern war es ergangen wie vielen Völkern vor ihnen: Sie hatten die Römer als angebliche Befreier gerufen und mussten feststellen, dass ihre Besatzung dauerhafter und unmittelbarer war als das Joch der früheren Herren. Auch unter den ältesten Verbündeten Roms, den Häduern, selbst bei persönlichen Freunden Caesars unter den Galliern mehrten sich antirömische Stimmungen.

Vercingetorix

Die Ermordung römischer Kaufleute in Cenabum (Orléans) zu Beginn des Jahres war das Fanal zum Aufstand zahlreicher Stämme, an dessen Spitze der junge adlige Arverner Vercingetorix (Abb. 26) trat. Zum König ausgerufen, bedrohte er bereits die römische Provinz in Südgallien. Caesar, den diese Nachrichten in Italien erreichten, eilte unter abenteuerlichen Umständen über die verschneiten Cevennen und eroberte mit der für ihn charakteristischen Schnelligkeit mehrere Städte der abgefallenen Stämme.

Abb. 26
Vercingetorix. Arvernischer Goldstater mit der Legende «Vercingeto(rix)». Umstritten bleibt, ob es sich tatsächlich um ein Porträt des gallischen Königs handelt oder um die Nachprägung eines Goldstaters Philipps II. von Makedonien mit dem Haupt des Apollon.

Abb. 27
Belagerung von Avaricum. Die römische Angriffsterrasse mit Be agerungstürmen und Schutzdächern ist in dem Modell gut zu erkennen (Rom, Museo della Civiltà Romana).

Nun änderte Vercingetorix seine Kriegführung: Alle Siedlungen sollten niedergebrannt, die Römer von der Zufuhr an Proviant und Viehfutter abgeschnitten (eine tödliche Gefahr für Tross und Kavallerie!), kleinere Abteilungen beim Furagieren von der überlegenen gallischen Reiterei überfallen und niedergemacht werden. Mit dieser Strategie der «verbrannten Erde» brachte er Caesar in äußerste Bedrängnis. Wider seine eigentliche Überzeugung hatte der Arverner allerdings erlaubt, Avaricum (Bourges), die Hauptstadt der Biturigen, zu verteidigen.

Gegen diese ging nun Caesar vor: Seine Soldaten errichteten eine Belagerungsterrasse, Schutzdächer für Schanzarbeit und Angriff sowie zwei Belagerungstürme (Abb. 27). Während der Arbeiten hatten sie schwer unter Hunger, Kälte und Regen zu leiden. Beim Sturm auf die Stadt rächten sie sich für ihre Entbehrungen und schonten weder Frauen noch Kinder; angeblich fielen 40 000 Einwohner ihrem Wüten zum Opfer.

Diese Niederlage schadete dem Ansehen des Vercingetorix keineswegs – hatte er doch von der Verteidigung Avaricums abgeraten. Unaufhörlich versuchte er, weitere Stämme für den Kampf gegen die Römer zu gewinnen; niemand zuvor hatte eine so weitgehende Einheit der Gallier erreicht. Caesar marschierte nun mit dem Gros seiner Armee in das Land der Arverner und belagerte die Festung Gergovia (bei dem heutigen Clermont-Ferrand). Bei einem Angriff auf die hochgelegene Stadt erlitt er eine schwere Niederlage – die erste seiner Feldherrnlaufbahn (Abb. 28). Er musste die Belagerung aufheben; schwerer noch wog, dass jetzt auch die Häduer auf die Seite des Vercingetorix traten; durch ihren Abfall verlor Caesar die Geiseln ganz Galliens, den Tross und die Kriegskasse, die er der Obhut des verbündeten Stammes anvertraut hatte. Nur drei Völkerschaften blieben dem «nationalen» Bündnis fern: Die Treverer wegen eines germanischen Angriffes, Remer und Lingonen bewahrten das Bündnis mit Rom.

Eine blutige Bilanz des Krieges zieht Plutarch: «Denn in den nicht ganz zehn Jahren seines Krieges in Gallien nahm er über 800 Städte im Sturm, bezwang 300 Völkerschaften und kämpfte insgesamt mit drei Millionen Menschen, von denen eine Million im Kampf getötet und ebenso viele zu Gefangenen gemacht wurden.»

(Plutarch, Caes. 15,5)

Eigentlich blieb Caesar in dieser Situation nur noch der Rückzug in die Provinz Gallia Ulterior. Das aber hätte die Aufgabe aller Eroberungen der letzten Jahre bedeutet, zudem den Untergang von vier Legionen, die unter T. Labienus bei Lutetia standen. Daher warf er sich in einem kühnen Manöver nach Norden und vereinigte sein Heer mit den Truppen des Legaten. Angesichts der zahlenmäßigen Überlegenheit der gallischen Kavallerie warb er jenseits des Rheins Reiter an – die ersten Germanen im römischen Dienst, denen im Lauf der Jahrhunderte unzählige folgen sollten.

Abb. 28
Gergovia: Der Prunkausgabe der Schriften Caesars von Samuel Clarke (1712) entstammt die Darstellung der umkämpften Bergfestung (Oldenburg, Landesbibliothek).

Abb. 29a.b
Alesia, Plateau. Bei Alesia fiel die Entscheidung über das Schicksal Galliens. Die monumentale Statue des glücklosen Gallierfürsten überragt das Plateau (A. Millet, 1865).

Entscheidung bei Alesia

Diese bewährten sich schon bald, als Vercingetorix die Römer auf dem Marsch nach Süden angriff; der Gallier wurde geschlagen und in Alesia (Alise-Ste-Reine in Burgund) eingeschlossen (Abb. 29). Hatte er sich bisher als umsichtiger Heerführer gezeigt, verlor er nun das Erreichte durch eigene Fehler: Die Abkehr von der erfolgreichen Strategie der «verbrannten Erde» führte zur Niederlage, der Rückzug nach Alesia beraubte den Aufstand seines charismatischen Anführers.

Caesar umschloss die Stadt mit ungeheuren Befesti-

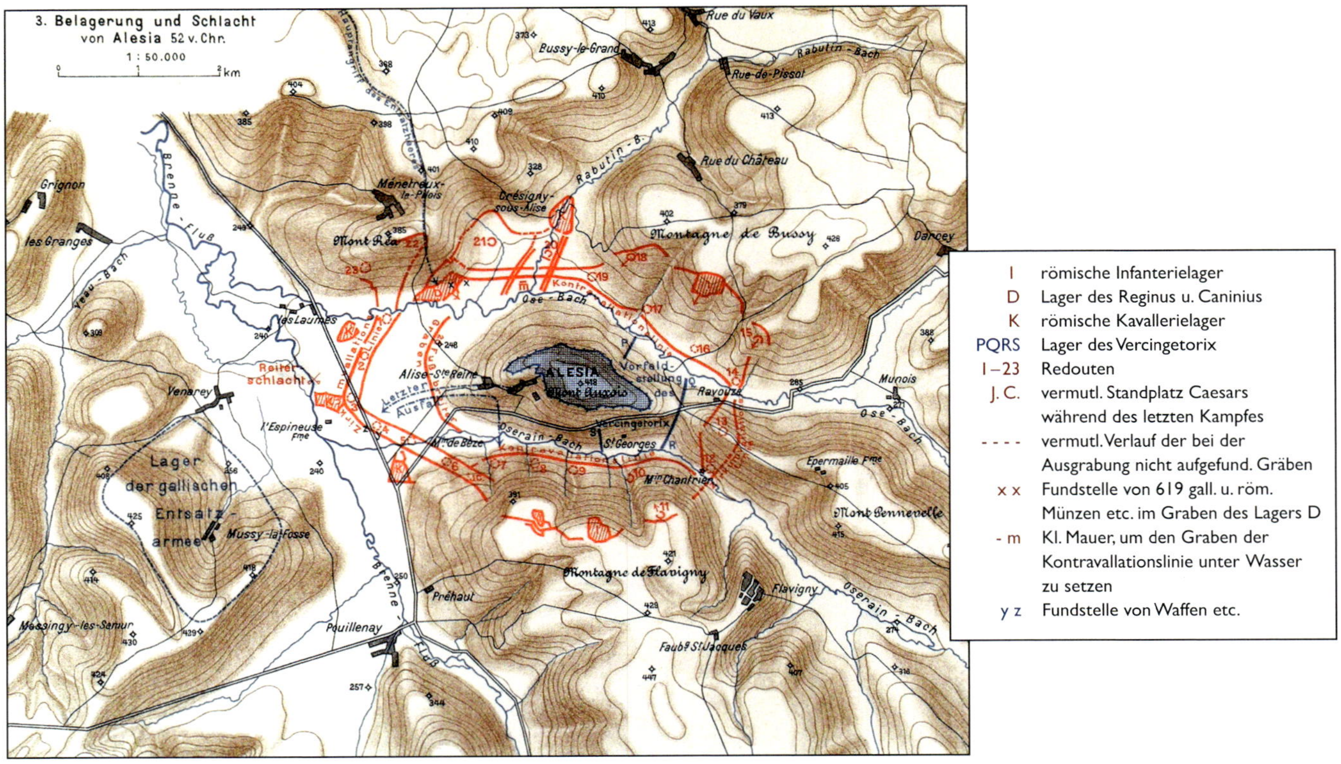

Abb. 30
Alesia, Plan (Kromayer-Veith). Vom gallischen Entsatzheer und den Verteidigern der Festung gleichzeitig bedrängt, erwiesen sich Caesar und seine Soldaten der tödlichen Gefahr gewachsen. Ihr Sieg in blutiger Doppelschlacht bedeutete das Ende des Krieges.

gungsanlagen von 21 km Länge; sein Bericht ist durch die Ausgrabungen unter Napoleon III. bestätigt worden. Gräben und Wälle, Palisaden und Türme, Wolfsgruben und Fußangeln sicherten die römischen Stellungen nach beiden Seiten (Abb. 30) – zur Stadt und nach außen gegen das erwartete Entsatzheer aus allen Stämmen Galliens, das unter dem Kommando von Vercassivellaunus, einem Vetter des Vercingetorix, nach Alesia marschierte, wo inzwischen bitterster Hunger herrschte. Angeblich waren es über 250 000 Krieger, dazu 80 000 Verteidiger in der Stadt, denen der römische Feldherr etwa 57 000 Mann entgegensetzen konnte.* Zweifellos handelte es sich um eine der kritischsten Situationen in Caesars militärischer Laufbahn. In schweren Kämpfen – zugleich gegen die Entsatztruppen und die Belagerten – gelang jedoch die siegreiche Abwehr. Der gallische Widerstand war gebrochen; Vercingetorix nahm alle Schuld auf sich und lieferte sich Caesar aus; sechs Jahre später starb er beim Triumph des Siegers von Henkershand. Zweifellos war er der bedeutendste Gegner der Römer im Gallischen Krieg und brachte sie an den Rand der Niederlage; in der Einigung der keltischen Stämme erwies er sich zudem als geschickter Diplomat, zeigte sich aber letztlich dem Feldherrngenie Caesars nicht gewachsen. In nationaler Romantik verehrt ihn Frankreich seit dem 19. Jh. als Freiheitshelden; daher erhebt sich über dem Plateau von Alesia die Statue des Arverners (1865). Ihr bärtiges Antlitz trägt die Züge Napoleons III.; die Münzbilder – falls sie denn ein Porträt darstellen – zeigen ihn dagegen bartlos.

* Allerdings sind alle (nicht nur Caesars) antike Zahlenangaben über «barbarische» Heere heillos übertrieben; dass sie stets zu Hunderttausenden auftraten, gehörte seit Herodot zur «Barbaren-Topik».

Abb. 31
Kapitulation des Vercingetorix. Auch die miniaturhafte Darstellung im Zinnfigurendiorama lässt das Drama der endgültigen Niederlage der Gallier erkennen (Sammlung Helmut Saiger).

Mit der Kapitulation des Vercingetorix (Abb. 31) waren die großen Kampfhandlungen beendet; im folgenden Jahr wurden lediglich kleinere Widerstandsnester beseitigt. Gallien war vollkommen erschöpft und entmutigt; daher wagten zu Lebzeiten Caesars nur die Bellovaker, die römische Schwäche infolge des Bürgerkrieges zu nutzen und sich nochmals zu erheben (46 v. Chr.; Liv. per. 114).

In acht Kriegsjahren hatte Caesar alles erreicht, was er zu Beginn seiner Statthalterschaft erstrebt hatte: Er verfügte über ein erprobtes, ihm persönlich ergebenes Heer; an Ruhm übertraf er alle Römer seiner Zeit; sein Reichtum war durch die ungeheure Kriegsbeute ins Unermessliche gewachsen (der immense Zufluss ließ den Goldpreis in Rom drastisch fallen!).

In Gallien hatte Caesar den Grundstein gelegt für den Sieg im Bürgerkrieg und die künftige Alleinherrschaft!

Die wirtschaftliche Dimension der Eroberung Galliens resümiert der Historiker Velleius Paterculus: «Das aber gilt als die glänzendste Leistung des C. Caesar: Unter seiner Führung unterworfen, zahlt Gallien nun fast ebensoviel an Steuern für die Staatskasse wie der gesamte Erdkreis.»
(Velleius 2,39,1)

Caesar als Feldherr

Nahezu einmütig gilt Caesar nicht nur als der bedeutendste römische Heerführer, sondern auch als einer der größten Feldherren der gesamten Militärgeschichte.* Seine Kriegführung war von Entschlossenheit und Schnelligkeit geprägt; er wusste durch das rasche Ausnutzen einer günstigen Gelegenheit ebenso zu siegen wie durch methodische Beharrlichkeit (wie im Stellungskrieg bei Alesia). Mit einzigartigem Geschick vermochte Caesar eine Niederlage in einen Erfolg zu verwandeln, etwa durch seine unerwarteten Manöver nach den Schlappen von Gergovia und Dyrrhachium (s. S. 51, 63–65). Er war der Meister der Vernichtungsstrategie – seine Siege besaßen napoleonisches Format.

Zweifellos verfügte Caesar über einen der bestorganisierten «Apparate» der Militärgeschichte; die römische Armee war ihren Gegnern an Ausbildung, Taktik, Disziplin und Infrastruktur weit überlegen (im Bürgerkrieg spielte diese Überlegenheit natürlich keine Rolle). Aber er wusste dieses Instrument auch geschickt zu gebrauchen; seine meisterhafte Menschenführung (s. S. 108 f.) war eine der Grundlagen der Erfolge.

* Eine bemerkenswerte Ausnahme bildet die scharfe Kritik B. Montgomerys an seinen Feldzügen: Ihm erschien Caesar als Stratege sprunghaft, als Taktiker wenig einfallsreich, in seinem Handeln oftmals übereilt und unbedacht; zudem habe er notwendige militärische Reformen versäumt.

Napoleon über Caesar

Der Korse analysierte selbst seine Feldzüge (s. S. 116) und urteilte: «Caesar dagegen steht starken Feinden im Kampf gegenüber; er stürzt sich durch seine Kühnheit in sehr gefährliche Abenteuer – er zieht sich durch sein Genie aus diesen heraus! Seine Schlachten im Bürgerkrieg sind wirkliche Schlachten, in Hinsicht sowohl auf die ihm gegenüberstehenden Feinde wie auf deren Generäle. In diesem Mann ist das Genie ebenso stark wie die Kühnheit» (Napoleon, nach dem Tagebuch des Generals de Gourgaud vom 24. Juni 1817; Übers.: H. Conrad).

CAESAR

ÜBER DEN RUBICO

«Das wahnwitzige Wüten des Caesar und des Pompeius brach wie eine Sturmflut oder eine Feuersbrunst über die Stadt Rom, Italien, die Völker und Nationen, das gesamte Imperium in all seiner Größe herein – so dass man es mit Recht nicht nur einen Bürgerkrieg nennen konnte noch einen Bundesgenossenkrieg, auch nicht nur einen auswärtigen, sondern vielmehr einen allumfassenden – und mehr als einen Krieg ... Denn er kam nicht eher zum Erliegen, als bis in Rom selbst, mitten im Senat, der Hass der Besiegten durch die Ermordung des Siegers befriedigt war.»

(Florus 2,13)

Abb. 32
Caesar. Die Büste aus ägyptischem Schiefer war im Besitz Friedrichs des Großen, der dem Römer hohe Verehrung entgegenbrachte. Sie stand im Neuen Palais von Potsdam; eine zweite bewahrte der Preußenkönig in seinem Arbeitszimmer in Sanssouci auf (Staatliche Museen Berlin, Antikensammlung).

Abb. 33
Carrhae (Harran), Zitadelle. Bei dem bereits im Alten Testament erwähnten Ort erlag das Heer des Crassus den Parthern. 250 Jahre später fiel hier Kaiser Caracalla einem Mordanschlag zum Opfer.

Inzwischen war das Triumvirat zerfallen. Crassus hatte versucht, ähnlichen militärischen Ruhm zu erlangen wie Caesar und Pompeius; sein Feldzug gegen die Parther endete jedoch mit der katastrophalen Niederlage bei Carrhae (Harran; Abb. 33); bei Verhandlungen mit dem siegreichen Gegner wurde der Triumvir ermordet (53 v. Chr.). Noch folgenschwerer war der frühe Tod von Caesars Tochter Iulia im Kindbett; oftmals hatte die junge Frau zwischen ihrem Vater und dem Gatten vermittelt. In Rom herrschte Bürgerkrieg; die Auseinandersetzungen zwischen den Volkstribunen Clodius (dem früheren Werkzeug Caesars, das längst eigene Ziele verfolgte) und Milo, dem Gefolgsmann des Senates, gipfelten im gewaltsamen Tod des Clodius und einem verheerenden Stadtbrand, dem die Curia Hostilia zum Opfer fiel (52 v. Chr.). In dieser unsicheren Lage setzte der Senat das uralte republikanische Prinzip der Kollegialität außer Kraft und ernannte Pompeius zum *consul sine collega*. Dieser stellte tatkräftig die Ordnung wieder her und verband sich durch seine erneute Heirat mit der Tochter des Q. Metellus Scipio eng mit der optimatischen Richtung.

Allmählich nahte das Ende von Caesars Statthalterschaft in Gallien; daher hatte er sich bereits früher durch ein Plebiszit die Genehmigung erteilen lassen, in Abwesenheit für das Konsulat des Jahres 48 v. Chr. zu kandidieren. Denn sobald er Rom betrat, verlor er die Immunität als Prokonsul und war für seine Feinde greifbar, die bereits seit langem einen Prozess wegen der Rechtsbrüche in seinem ersten Konsulat planten – allen voran sein alter Gegner Cato; aber auch der Ablauf der Statthalterschaft machte ihn gegen die Feinde wehrlos. Konnte er dagegen bis zum Ende des Jahres 49 v. Chr. in der Provinz bleiben und unmittelbar danach das neue Amt antreten, war er geschützt. Zur Wahrung seiner Interessen in Rom hatte Caesar den Volkstribun C. Curio durch Begleichung seiner ungeheuren Schulden für sich gewonnen; dieser stellte im Senat den Antrag, Caesar und Pompeius sollten gleichzeitig ihre Provinzen und Heere aufgeben. Der Vorschlag fand überwältigende Zustimmung; dagegen übertrugen die führenden Optimaten – ohne jeden Senatsbeschluss – Pompeius den Schutz des Staates (Dez. 50 v. Chr.; Abb. 34).

Caesar hatte sich während der langwierigen Verhandlungen stets kompromissbereit gezeigt; noch am 1. 1. 49 ließ er im Senat einen Brief vorlesen, in dem er seine Bereitschaft erklärte, auf Gallien zu verzichten und sich mit Illyricum zu begnügen, dazu seine Legionen bis auf zwei, nach einem Vermittlungsvorschlag Ciceros sogar eine einzige zu entlassen. Damit hätte er zwar seine militärische Macht eingebüßt, aber den Schutz des Amtes behalten. Seinen Gegnern erschien dieses Zurückweichen freilich nur als Zeichen der Schwäche.

In der Senatssitzung vom 1. 1. 49 v. Chr. wurde Caesar daher ultimativ aufgefordert, sein Heer zu entlassen; andernfalls sollte er als Staatsfeind (*hostis*) gelten; die Volkstribunen – unter ihnen M. Antonius – legten ihr Veto dagegen ein. Am 7. 1. erklärte der Senat den Ausnahmezustand mit der herkömmlichen Formel: «*Videant consules, ne quid detrimenti res publica capiat.*» («Die Konsuln mögen zusehen, dass der Staat keinen Schaden erleidet.») Die Tribunen verließen Rom und flohen zu Caesar als dem Schirmer ihrer Rechte. Der Bürgerkrieg war unvermeidlich geworden – denn niemand konnte ernsthaft erwarten, dass Caesar seiner politischen Vernichtung tatenlos zusehen würde. Für ihn gab es jetzt nur noch Sieg oder Untergang!

Abb. 34
Cn. Pompeius. Sein Porträt erscheint auf einer Münze seines Sohnes Sextus, der in den Bürgerkriegen nach dem Tod Caesars die Flotte der Republik befehligte; daran erinnern der Dreizack und sein Beiname «Neptunius» (Münzen und Medaillen AG, Basel).

Abb. 35
Caesar am Rubico. Die Miniatur von Jean Fouquet illustriert den Bericht Suetons (s. S. 61) im Stil des 15. Jhs. (Paris, Musée du Louvre).

Am Rubico

Ungeachtet seiner Hoffnung auf eine friedliche Einigung hatte er bereits die Truppen für den Ernstfall aufmarschieren lassen. Die Überquerung des Rubico (Abb. 35) – des Grenzflusses zwischen der Gallia Cisalpina und Italien – bedeutete den Beginn des Bürgerkrieges (10. 1. 49 v. Chr.). Caesar war sich der Tragweite seines Handelns bewusst; erst nach reiflicher Überlegung entschloss er sich zu seinem folgenschweren Schritt, den später die Legende verklärte:

Der Würfel ist gefallen ...?

«Während er noch zögerte, zeigte sich ihm plötzlich eine wundersame Erscheinung: Ein Mann von außergewöhnlicher Größe und Schönheit saß in unmittelbarer Nähe und blies auf der Flöte. Als neben Hirten auch zahlreiche Soldaten von ihrem Posten zu ihm liefen, um zuzuhören, unter ihnen auch Spielleute, entriss er einem die Tuba, sprang zum Flussufer hinab und strebte zur anderen Seite, wobei er mit mächtigem Schall das Marschsignal anstimmte. Da rief Caesar: ‹Gehen wir, wohin uns die göttlichen Vorzeichen und die Ungerechtigkeit der Feinde rufen! Der Würfel ist gefallen!›» (Suet. Caes. 32).

Allerdings verwendete er nicht die bei Sueton wiedergegebene lateinische Version («*iacta alea est*»), sondern das (konjunktivische) Zitat des griechischen Dichters Menander: «Der Würfel sei emporgeworfen» («*anerriphtho kybos*»), das damals häufig bei gewagtem Beginnen gebraucht wurde.

Caesars Zaudern war nur allzu begreiflich – mit dem bewaffneten Einmarsch in Italien war er zum Hochverräter geworden. Doch sollte bei der Beurteilung seines Vorgehens, das zweifellos gegen die römische Staatsordnung verstieß, das Verhalten der Gegner nicht unberücksichtigt bleiben. In der sicheren Erwartung ihres Sieges hatten sie sich jedem Versuch einer diplomatischen Einigung verschlossen; zudem konnte gerade Pompeius, dessen Aufstieg von zahlreichen Rechtsbrüchen geprägt war, wohl kaum als «verfassungstreuer» Verteidiger der Republik gelten.

Nur mit einer einzigen Legion stieß Caesar nach Ariminum (Rimini) vor, wo ihn die Tribunen erreichten; dann marschierte er gegen Rom. Pompeius hatte vermutlich bereits zu Beginn des Krieges geplant, Italien zu räumen; der Besitz von Spanien und Griechenland ermöglichte ihm, den Feind von beiden Seiten zu bedrohen, seine Überlegenheit zur See zudem die Blockade Italiens. Zu Lande war dagegen Caesar mit seinem erprobten Heer zunächst überlegen. Militärisch durchaus sinnvoll, wirkte die Aufgabe der Hauptstadt hingegen psychologisch-propagandistisch verheerend; auch wenn Pompeius erklärte, Rom sei dort, wo sich die Konsuln aufhielten, auch wenn ihm diese und die meisten Senatoren folgten, gab der Besitz der Stadt dem Gegner eine nicht zu unterschätzende Legitimität.*

Zudem artete der Abzug zur Flucht aus; sogar der Staatsschatz blieb in Rom, für Caesar eine willkommene Beute (Abb. 36). Nur bei Corfinium hatte es Widerstand gegeben. Dagegen gelang es ihm nicht, Pompeius in Brundisium einzuschließen und so den Krieg mit einem Schlag zu beenden; der Gegner entkam nach Griechenland. Ebenso blieben Caesars diplomatische Versuche zu einer friedlichen Lösung des Konflikts erfolglos. Auch sein Werben um Cicero scheiterte; der Redner begab sich zum Heer des Pompeius.

* Anders als in Griechenland, wo ein Volk auch bei der Verlegung des Siedlungsgebietes seine Identität wahrte, galt in der etruskisch-römischen Tradition der Ort einer Stadt als geheiligt.

SENATVS POPVLVSQVE ROMANVS
INCENDIO CONSVMPTVM RESTITVIT

Abb. 36
Rom, Saturntempel. Aus der Urzeit Roms stammte der Tempel, der das Aerarium umschloss (den Staatsschatz). Der heutige Bau entstand nach einem verheerenden Brand (283 n. Chr.).

Nun wandte sich Caesar zunächst nach Spanien; hier stand eine Armee des Gegners, die ihm während eines Feldzuges in Griechenland in den Rücken fallen konnte. Zudem stellte sich Massilia (Marseille) auf die Seite der Feinde. Nach langer Belagerung musste die Stadt kapitulieren; sie wurde mit harten wirtschaftlichen Strafmaßnahmen belegt. In Spanien drängte Caesar die Legaten des Pompeius durch geschickte Manöver in ein wasserloses Gebiet und zwang sie so zur Übergabe (August 49 v. Chr.). Dagegen endete der Versuch des ehemaligen Volkstribuns Curio, durch die Eroberung Nordafrikas die Getreideversorgung der Hauptstadt zu sichern, in einer katastrophalen Niederlage gegen den Numiderkönig Iuba.

Dyrrhachium und Pharsalos

Für das nächste Jahr zum Konsul gewählt, begann Caesar den entscheidenden Feldzug gegen Pompeius (Januar 48 v. Chr.). Da die überlegene feindliche Flotte unter dem Kommando seines alten Gegners und Kollegen Bibulus wegen des Winters untätig blieb, konnte er einen Teil seiner Truppen nach Nordgriechenland übersetzen. Dann aber blockierten die Pompeianer die Adria; erst nach drei Monaten konnte M. Antonius, inzwischen Caesars wichtigster Legat (T. Labienus hatte sich zu Beginn des Bürgerkrieges den Gegnern angeschlossen), den Rest des Heeres nachführen. In diesen Wochen der nervlichen Anspannung versuchte Caesar selbst, die Möglichkeit einer früheren Überfahrt zu erkunden (Abb. 37).

Inzwischen hatte Pompeius das strategisch wichtige Dyrrhachium (Durazzo) besetzt; hier umschloss ihn Caesar mit gewaltigen Befestigungen von 25 km Länge, die noch um 1920 mit bloßem Auge im Gelände erkennbar waren. Es kam zu Grabenkämpfen, die dem Stellungskrieg des 1. Weltkrieges glichen. Beide Seiten litten unter schwerem Mangel, denn Caesars Truppen hatten dem Gegner das Wasser abgeleitet; sie selbst wiederum ernährten sich notdürftig mit einer Art Brot aus dem Teig von Wurzeln.

Schließlich führte Pompeius mit Flottenunterstützung einen Angriff auf die feindlichen Stellungen; bei einem Gegenstoß wurde Caesar – zum zweiten Mal in seinem Leben – geschlagen, seine Soldaten stoben in panischer

«Er fasste den gefährlichen Entschluss, ganz heimlich auf einem Boot mit nur zwölf Rudern nach Brundisium überzusetzen, obgleich das Meer von den starken Flotten der Feinde beherrscht wurde. Er bestieg also bei Nacht unerkannt im Gewand eines Sklaven das Schiff, warf sich wie ein Mensch, den niemand beachtet, in einen Winkel und verhielt sich ruhig. Das Boot fuhr den Aoos hinab ...» (An der Mündung hinderten widrige Winde das Schiff an der Einfahrt in das Meer; der Steuermann befahl umzukehren.) «Als Caesar das bemerkte, gab er sich zu erkennen, fasste den Steuermann, der bei seinem Anblick erschrak, bei der Hand und sagte ihm: ‹Vorwärts, mein Freund, wage es und fürchte nichts; dein Boot trägt Caesar und mit ihm sein Glück!›»

(Plutarch, Caes. 38, 1–5)

Abb. 37
«Du trägst Caesar und sein Glück!» Ein niederländischer Wandteppich illustriert den Bericht Plutarchs (s. S. 63): In sturmgepeitschtem Boot kämpfen die Ruderer verzweifelt gegen die Macht der Windgötter an; Caesar dagegen weist furchtlos auf die thronende Fortuna, die ihm den Lorbeerkranz reicht (Ende 17. Jh., Wien, Kunsthistorisches Museum).

Flucht davon. Freimütig gestand der Besiegte ein, der Gegner hätte an diesem Tag den Krieg beenden können (Juli 48 v. Chr.). Wie nach der Schlappe von Gergovia musste Caesar die Belagerung aufheben. Er behielt jedoch die Initiative und marschierte in das Hinterland des Feindes nach Thessalien; hier kam es bei Pharsalos zur Entscheidungsschlacht des Krieges (9. 8. 48 v. Chr.; Abb. 38). Dass Pompeius sich dem Kampf stellte, lag keineswegs in seinem Interesse. Zwar war er zahlenmäßig deutlich überlegen: Er verfügte über 45 000 Mann, während sein Gegner lediglich 30 000 befehligte. Aber er konnte im Besitz der Seeherrschaft durch die längere Kriegsdauer nur gewinnen, Caesar dagegen erstrebte eine rasche Entscheidung. Sein Rivale gab jedoch dem Drängen der Magistraten und Senatoren nach, die bereits vor der Schlacht Ämter und Besitz der Caesarianer unter sich aufteilten. Das sollte sich als verhängnisvoll erweisen – Pompeius wurde vernichtend geschlagen: 15 000 seiner Soldaten waren gefallen, 24 000 gerieten in Gefangenschaft; er selbst floh mit wenigen Begleitern; bei den Siegern wurde lediglich der Verlust von 200 Mann beklagt.

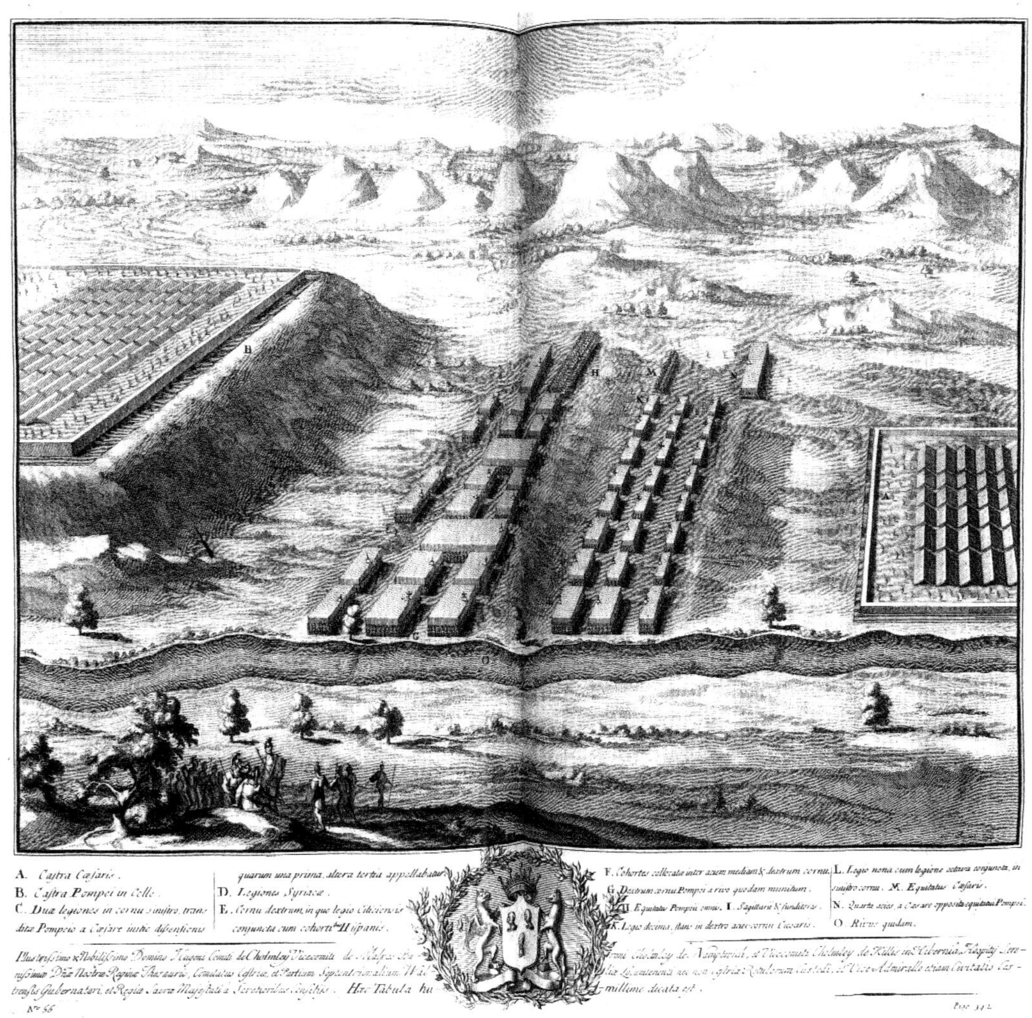

Abb. 38 Pharsalos (S. Clarke, 1712). Die barocken Schlachtdarstellungen folgen der Caesar-Ausgabe Andrea Palladios (1575), der durch das Vorbild der antiken Kriegskunst die Schlagkraft der zeitgenössischen Heere erhöhen wollte (Oldenburg, Landesbibliothek).

Abb. 39
Louis Lagrenée: Das Haupt des Pompeius wird Caesar überbracht (1767). Das Gemälde entstand im Auftrag des polnischen Königs Stanislaus Poniatowski; die Darstellung des trauernden Siegers sollte die Tugend der Großmut verherrlichen, die auf den Missbrauch der Macht verzichtet (Warschau, Schlossmuseum).

Kleopatra

Als Flüchtling segelte der Besiegte nach Ägypten, dessen königliche Dynastie ihm zu Dank verpflichtet war. Bei der Landung in Pelusion wurde er jedoch vor den Augen seiner Angehörigen von einem abtrünnigen römischen Centurio ermordet; dadurch hofften die Berater des unmündigen Königs Ptolemaios XIII., die Gunst seines siegreichen Gegners zu gewinnen. Wenige Tage später gelangte dieser nach Alexandria; man überreichte ihm das abgeschlagene Haupt des Ermordeten – und Caesar weinte um den Mann, der einst sein Freund und Schwiegersohn gewesen war (Abb. 39). Er ließ den Kopf beisetzen und ihm ein kleines Heiligtum der Rachegöttin Nemesis errichten.

Abb. 41
Jean-Léon Gérôme: Kleopatra und Caesar (1866). Auf dem (leider verlorenen) Bild des französischen Malers erscheint die Begegnung des Römers mit der jungen Königin wie ein Aufeinandertreffen von Orient und Okzident – gegen die historische Wahrheit, aber effektvoll in Szene gesetzt.

Abb. 40
Der Leuchtturm von Pharos (Mosaik aus Ghasr Libia). Das Bodenmosaik einer byzantinischen Basilika (6. Jh.) zeigt die Personifikation des Weltwunders, bekrönt von der Statue des Sonnengottes mit der Strahlenkrone. Die Darstellung lässt die Faszination erahnen, die damals noch von dem gewaltigen Bauwerk ausging.

Nur 3200 Mann führte Caesar mit sich, als er Alexandria betrat – eine der größten Städte des Mittelmeerraumes, zugleich eines der bedeutendsten Kulturzentren der Antike. Hier befanden sich die umfangreichste Bibliothek der hellenistischen Welt und das Mouseion, als Forschungszentrum das «Silicon Valley des Altertums»; hier lag Alexander d. Gr. begraben, dessen gläsernen Sarkophag Caesar aufsuchte; die Stadt überragte der Riesenbau des Leuchtturms auf der Insel Pharos, eines der Weltwunder der Antike (Abb. 40); die jahrhundertelange Bewunderung für die gewaltige Landmarke lebt noch heute in den romanischen Sprachen in der Bezeichnung für «Scheinwerfer» fort (frz.: phare; ital./span.: faro).

Abb. 42
Kleopatra VII. Das Münzporträt lässt erkennen, dass die Schönheit der Königin keineswegs einzigartig war. Der unwiderstehliche Zauber Kleopatras lag vielmehr in ihrem Charme und ihrer Bildung begründet (Münzen und Medaillen AG, Basel).

Zunächst hoffte Caesar nur, in Ägypten seine finanziellen Mittel zu mehren; sehr bald aber wurde er in den Thronfolgestreit zwischen dem jungen König und seiner Schwester Kleopatra verwickelt. Diese gelangte heimlich, in einem Teppich (oder Bettsack) verborgen, in seinen Palast und gewann ihn für sich; mit der unerwarteten Begegnung des alternden Römers und der erst zwanzigjährigen Ptolemäerin begann eine der berühmtesten Liebesgeschichten des Altertums, die auf Bühne und Leinwand bis in unsere Zeit fortlebt (Abb. 41). Dabei ist für den Historiker unerheblich, ob es sich um wirkliche Leidenschaft handelte oder ob politische Interessen das Paar verbanden – Caesar erstrebte die Oberhoheit über das reiche Nilland, Kleopatra den Sieg über ihren Bruder und seine Kamarilla.

Als der römische Feldherr den königlichen Geschwistern gebot, gemeinsam zu regieren, erhoben sich Volk und Heer gegen ihn; die Römer wurden im Palastviertel eingeschlossen. Bei den Kämpfen wurde die berühmte Bibliothek ein Raub der Flammen; Caesar selbst geriet in Lebensgefahr und musste sich schwimmend retten; sogar sein Feldherrnmantel ging dabei verloren.

Schließlich wurden die Römer durch die Ankunft eines Heeres unter Mithridates von Pergamon entsetzt; in seiner Armee diente auch Antipater, dessen Sohn Herodes d. Gr. später durch den (unhistorischen) Kindermord von Bethlehem traurige Berühmtheit erlangen sollte. In einer Schlacht am Nil wurden die ägyptischen Truppen geschlagen, Ptolemaios XIII. kam auf der Flucht ums Leben. Nun wurde Kleopatra (Abb. 42) nach dynastischer Sitte mit ihrem jüngeren Bruder Ptolemaios formell «verheiratet»; gemeinsam traten sie die Herrschaft an. Eine romantische Nilreise auf dem Prunkschiff seiner königlichen Geliebten beschloss Caesars Aufenthalt in Ägypten (Mitte Juni 47 v. Chr.).

Der Krieg in Afrika

Inzwischen hatten sich seine Gegner gesammelt; Cato hatte die Reste der Armee des Pompeius nach Kyrene (im heutigen Libyen) übergesetzt und in einem strapazenreichen Wüstenmarsch in die Provinz Africa geführt. Er vereinigte seine Soldaten mit dem Heer des Numiderkönigs Iuba und weiteren römischen Truppen; das Kommando übernahm Q. Metellus Scipio, der Schwiegervater des Pompeius.

Zunächst wandte sich Caesar aber einem neuen Gegner zu: Pharnakes von Pontos, der Sohn Mithridates' VI. (s. S. 16), war siegreich in Kleinasien eingefallen, um die innerrömischen Wirren zur Erneuerung des ererbten Reiches zu nutzen. Innerhalb von wenigen Tagen warf ihn Caesar nieder; die entscheidende Schlacht bei Zela (August 47 v. Chr.) war in vier Stunden beendet. An einen Freund in Rom schrieb er die berühmte kürzeste Siegesmeldung der Geschichte: «*Veni, vidi, vici*» («Ich kam, sah und siegte») – vielleicht in der Absicht, seinen blitzartigen Sieg propagandistisch geschickt über den dreijährigen Krieg zu stellen, den Pompeius gegen den Vater seines kleinasiatischen Gegners geführt hatte (M. E. Deutsch).

Danach begab er sich nach Rom; dort war es erneut zu politischen Unruhen gekommen. Zudem meuterten die Soldaten, die in Campanien stationiert waren, darunter die X. Legion, die er als seine zuverlässigste Truppe betrachtete. Sie zogen auf das Marsfeld bei Rom und forderten ihre Entlassung – offenbar in der Hoffnung, weitere Belohnungen zu erpressen. Caesar gewährte ihnen den Abschied und versprach, alle seine früheren Versprechungen zu erfüllen – freilich erst nach seinem Triumph, den er nunmehr mit anderen Soldaten feiern müsse. Mehr noch traf die Legionäre seine Anrede; statt des vertrauten «*commilitones*» (Kameraden) nannte er sie «*Quirites*!» (Bürger) und zeigte so, dass sie für ihn keine Soldaten mehr waren.

Die Meuterei brach zusammen. Die Legionen boten selbst die Bestrafung der Rädelsführer an. Caesar verzichtete darauf, setzte aber später für die ärgsten Schreier Beuteanteil und Landzuweisung herab; wie bei anderen Gelegenheiten, dürfte er sich ihrer auch durch Himmelfahrtskommandos entledigt haben.

Gegen Ende des Jahres 47 v. Chr. landete er in Afrika; erneut hatte er wider jede Erwartung den Winter zur Überfahrt genutzt. Die Entscheidung des Feldzuges fiel bei Thapsus. Gewillt, ihren Ungehorsam vergessen zu machen, schonten die Soldaten keinen Gegner; sie sollen 50 000 Feinde getötet, selbst nur 50 Mann verloren haben (6. 4. 46 v. Chr.). Es war die letzte Schlacht der antiken Militärgeschichte, in der Kriegselefanten zum Einsatz kamen – auch hier zeigten sie sich als zweischneidige Waffe, oft dem eigenen Heer eher schädlich als dem Gegner.

Die Führer des pompeianischen Heeres, Scipio und Iuba, gaben sich selbst den Tod; auch Cato starb in der Stadt Utica, wo er das Kommando führte, von eigener Hand (daher sein späterer Beiname «Uticensis»). Er tat dies, gerade weil er wusste, dass Caesar ihn begnadigen würde: «Denn wenn ich durch die Gnade Caesars mein Leben bewahren wollte, müsste ich nur selbst zu ihm gehen. Aber ich will dem Tyrannen für seine Ungerechtigkeit nicht noch Dank schulden. Denn er handelt ungerecht, indem er wie ein Herrscher denjenigen das Leben schenkt, über die er gar kein Recht hat zu herrschen» (Plut. Cato min. 66,2). Caesar bedauerte Catos Entschluss; er ahnte, dass dieser durch seinen freiwilligen Tod zum viel bewunderten Märtyrer der sterbenden Republik aufsteigen würde (Abb. 43; s. S. 114).

Fraglos war M. Porcius Cato eine der bedeutendsten Gestalten im «Jahrhundert der Bürgerkriege»; sicher blieb er stets weltfremd und ohne eigene Vision zur Lösung der Krise seiner Zeit; aber geprägt von den Idealen des *mos maiorum* und der stoischen Philosophie, war er ein Vorbild an Sittenstrenge und Lauterkeit, zudem konsequent bis in den Tod. Die Nachwelt hat den Unbeugsamen zum Richter über die Unterwelt erhoben (Verg. Aen. 8,670).

Elefanten – ein schwieriges Kriegswerkzeug

Immer wieder wandten sich die Tiere, wenn ihr Angriff abgewehrt war, gegen die eigenen Reihen und richteten dort furchtbare Verluste an; das lag oftmals an der mangelhaften Dressur, aber auch an den Rauschmitteln, mit denen man ihre Kampfeswut gemehrt hatte. Daher stattete Hannibals Bruder Hasdrubal die Elefantenführer mit Hammer und Meißel aus; so konnten die Tiere im Notfall mit einem Schlag zwischen die Nackenwirbel getötet werden.

Die stoische Philosophie

Um 300 v. Chr. gründete Zenon von Kition eine der bedeutendsten philosophischen Schulen des Hellenismus; ihren Namen verdankte sie dem Lehrort, einer Säulenhalle (griech. Stoa) in Athen. Wie die rivalisierende Lehre Epikurs will auch sie den Menschen zum Glück führen; nach ihrer Auffassung erlangt jedoch der Weise die Seelenruhe nicht durch die Lust, sondern durch seine Tugend; Ziel ist die Freiheit von aller Leidenschaften und Empfindungen (dieses lebt im Begriff der «stoischen Ruhe» bis heute fort). Die Lehre Zenons wirkte bis weit in die römische Kaiserzeit; noch Seneca und Marc Aurel waren von seinem Denken geprägt.

Abb. 43
Charles Le Brun: Der Tod Catos (1646). Unter dem Einfluss Caravaggios stellte Le Brun den sterbenden Heros der Republik in krassem Realismus dar – mit schmerzverzerrtem Antlitz auf dem blutbefleckten Bett. Vor ihm liegt – dem Bericht Plutarchs folgend – Platons Dialog «Phaidon», der den Tod des Sokrates schildert (Arras, Musée des Beaux-Arts).

Clementia Caesaris

Caesars entschlossene Manöver, seine überwältigenden Siege hatten die Zeitgenossen überrascht; aber noch erstaunlicher erschien ihnen, wie er sich im Erfolg verhielt. Die Briefe Ciceros zeigen, dass man zu Beginn des Bürgerkrieges für den Fall seines Sieges blutige Rache befürchtete. Aber bereits bei der Einnahme von Corfinium zu Beginn der Feindseligkeiten entließ Caesar die gefangenen Senatoren (die sich unverzüglich zu Pompeius begaben) und nahm die gegnerischen Soldaten in sein eigenes Heer auf. Dasselbe geschah nach dem Feldzug von Ilerda, dessen unblutiges Ende er nach eigener Aussage herbeigeführt hatte, um seine Mitbürger zu schonen (civ. 1,72,3): Die feindlichen Feldherren wurden begnadigt, ihre Soldaten entlassen. Dieses Vorgehen mochte noch der Hoffnung geschuldet sein, einen Ausgleich mit Pompeius zu erreichen; auch seine Ankündigung, er werde – anders als seine Gegner – alle als Freunde betrachten, die neutral blieben, konnte naheliegende taktische Gründe haben.

Anders war es nach Pharsalos und Thapsus: Die Entscheidung des Krieges war gefallen, jegliche Rücksichtnahme unnötig geworden.

Abb. 44
Clementia Caesaris.
Auf einer Münze (44 v. Chr.) erscheint der Tempel, der für die verzeihende Milde des Siegers errichtet wurde; ob sein Bau vom Senat noch zu Lebzeiten Caesars beschlossen wurde, ist ebenso unbekannt wie sein Standort (Sammlung W. Niggeler).

Aber nach beiden Schlachten ließ der Sieger Milde walten – in der Antike eine ungewohnte Tugend, da der geschlagene Feind als rechtlos galt. Nur Gegner, die trotz vorheriger Begnadigung nochmals gegen ihn die Waffen ergriffen hatten, mussten sterben. Auch Cassius und Brutus – seine späteren Mörder! – erlangten so Leben und Freiheit. Die Korrespondenz des Pompeius und Scipio ließ Caesar nach dem Sieg ungelesen verbrennen, um nicht gegen bisher unbekannte Feinde vorgehen zu müssen. Er missbrauchte die Begnadigung auch nicht zur Demütigung der besiegten Gegner, wie aus der freundschaftlichen Versöhnungsgeste gegenüber Cicero hervorgeht. Nach dem blutigen Vorgehen des Senates gegen die Gracchen und ihre Anhänger, nach dem Wüten des Marius und den gnadenlosen Proskriptionen Sullas war die *clementia Caesaris* tatsächlich eine «neue Art zu siegen». Dabei ist unerheblich (vor allem für die Begnadigten), ob sie seinem ureigensten Wesen entsprach oder lediglich auf propagandistische Wirkung zielte* – immerhin wird Caesar der Ausspruch zugeschrieben, die Erinnerung an die eigenen grausamen Taten sei eine traurige Ausstattung für das Alter (Amm. 29,2,18). Freilich war sie – wie Cato mit Recht empfand – eine Herrschertugend; sie erhob den gnädigen Richter über seine Mitbürger. Auch die Stiftung eines Tempels der Clementia (Abb. 44), deren Kultbild der Statue Caesars die Hand reichte, wies bereits in die Sphäre kaiserlicher Selbstdarstellung.

Bereits zu Beginn der Kampfhandlungen hatte Caesar in einem Brief erklärt: «… ich war bereits von selbst entschlossen, mich möglichst milde zu zeigen und mich um eine Versöhnung mit Pompeius zu bemühen. Lasst uns versuchen, ob wir auf diese Weise alle Herzen für uns gewinnen und einen dauerhaften Sieg erringen können. Denn andere vermochten wegen ihrer Grausamkeit weder dem allgemeinen Hass zu entgehen, noch ihren Sieg dauerhaft zu bewahren. Die einzige Ausnahme ist L. Sulla, den ich nicht nachahmen will. Das sei die neue Art zu siegen, dass wir uns durch Barmherzigkeit und Großmut sichern.»

(Cicero, Att. 9,8C,1)

* Nach A. Alföldi war die «clementia» eine populare Tugend, während die Optimaten – etwa Sulla – dem Ideal der «severitas» («Strenge») folgten.

Abb. 45
Andrea Mantegna: Triumph Caesars (um 1480–95). Als sein Hauptwerk betrachtete Andrea Mantegna den Zyklus von neun Bildern für den Palast der Gonzaga in Mantua. Zahlreiche Details bezeugen die archäologischen Kenntnisse des Meisters. Von Karl I. von England erworben, gelangten die Bilder später nach Hampton Court.

Triumph

Nach Rom zurückgekehrt, feierte Caesar seinen vierfachen Triumph (August 46 v. Chr.; Abb. 45); an ebenso vielen Tagen wurden die Siege über Gallien, Ägypten, Pontos und Afrika festlich begangen; römischer Sitte folgend, blieb der Bürgerkrieg unerwähnt. Unerhörte Schätze wurden im Zug aufgeführt; ihr Wert betrug 65 000 Talente. Als prominente Gefangene wurden die Schwester der Kleopatra, der Sohn König Iubas sowie Vercingetorix zur Schau gestellt; der unglückliche Führer der Gallier starb am selben Tag im Tullianum, dem unterirdischen Gelass des Carcer Mamertinus. Dem Glanz der caesarischen Siege entsprachen auch die überwältigenden Schauspiele mit Theateraufführungen und sportlichen Wettkämpfen, Wagenrennen und Gladiatorengefechten, die Geschenke an Bürger und Soldaten* sowie die reiche Bewirtung bei öffentlichen Gastmählern.

* Jeder lang gediente Legionär erhielt 24 000 Sesterzen – bei einem Jahressold von 600 Sesterzen entsprach dies vierzig Jahresgehältern!

Abb. 46
Kriegerrelief von Osuna. Möglicherweise erinnerten die steinernen Reliefs an die Beteiligung iberischer Krieger an Caesars Sieg bei Munda. Die eigenartige Kopfbedeckung dürfte mit der literarisch überlieferten «Sehnenkappe» identisch sein (Madrid, Museo Arqueológico Nacional).

Nach alter Tradition sangen die Soldaten beim Triumphzug Spottlieder auf ihren siegreichen Feldherrn, in eingängigem Marschrhythmus gedichtet:

«*Úrbaní, servát(e) uxóres, móechum cálv(um) addúcimus*»

(«Städter, passt auf eure Frauen auf! Wir bringen den kahlköpfigen Schürzenjäger»; Suet. Caes. 51); auch auf seine angebliche Affäre mit Nikomedes von Bithynien (s. S. 20 und 111) wurde angespielt:

«*Gálliás Caesár subégit, Nícomédes Cáesarém:*
écce Cáesar núnc triúmphat, quí subégit Gálliás,
Nícomédes nón triúmphat, quí subégit Cáesarém!»

(«Caesar unterwarf Gallien, Nikomedes den Caesar: Jetzt feiert Caesar einen Triumph, weil er Gallien unterwarf; Nikomedes feiert keinen Triumph, obwohl er doch Caesar unterwarf!» Suet. Caes. 49,4).

Am Ende des Jahres musste Caesar erneut ins Feld; in Spanien hatten die Söhne des Pompeius und sein früherer Legat T. Labienus ein Heer gesammelt. Bei Munda im Süden des Landes fiel die Entscheidung (März 45 v. Chr.); nur unter größtem persönlichen Einsatz errang Caesar den Sieg: In vorderster Front focht der 55jährige – ohne Helm, um für die Soldaten kenntlich zu sein (Abb. 46). Später bekannte er, in allen seinen Schlachten habe er um den Sieg gekämpft, bei Munda erstmals um sein Leben. Während Labienus und der jüngere Cn. Pompeius den Tod fanden, gelang dessen Bruder Sextus die Flucht; in den folgenden Bürgerkriegen sollte er noch eine bedeutende Rolle spielen.

Im September kehrte der Sieger nach Rom zurück. Für sein Reformwerk sollten ihm nur noch sechs Monate bleiben.

CAESAR

MIT UNBESCHRÄNKTER MACHT

Abb. 47
Caesar im Triumphalgewand. Purpurtoga und goldgestickte Tunika, goldener Kranz und Adlerszepter – das Gewand des triumphierenden Feldherrn glich dem Ornat der etruskischen Herrscher; das mit Mennige rotgeschminkte Gesicht zeigte dagegen an, dass er die Inkarnation Jupiters selbst war, dessen tönernes Kultbild im Kapitolstempel rötlichen Inkarnat aufwies (Sammlung Hans-Rudolf Schmuck).

«Alle diese Maßnahmen zeigen, dass Caesar energisch bestrebt war, das römische Reich auf eine breitere Grundlage zu stellen als nur Rom und Italien. Es sollte ein Reich werden, in dem die bisherigen schroffen Gegensätze zwischen Italien und den fast rechtlosen Provinzen sich mildern und später sicher einmal aufheben sollten … An die Stelle des römischen Staates, der über eine unterworfene Welt regierte, trat eine echte Reichsidee …»
(E. Meyer, Römischer Staat und Staatsgedanke [1948] 319)

MIT UNBESCHRÄNKTER MACHT

Mit welchen Zielen Caesar den Bürgerkrieg begonnen hatte, ist heute nicht mehr klar zu erkennen. Seine mehrfachen Friedensbemühungen – wenn man sie denn nicht als bloße taktische Manöver abtun will – lassen darauf schließen, dass er fraglos eine beherrschende Position im Staat erstrebte, sich diese aber durchaus auch an der Seite des Pompeius vorstellen konnte; freilich wäre sein Rivale nach einem zweiten Konsulat, vielleicht auch einem weiteren erfolgreichen Eroberungskrieg Caesars endgültig in den Schatten gedrängt worden. Die Annahme, dieser habe von Beginn an die alleinige Macht erstrebt, lässt sich nicht belegen und wertet das Geschehen aufgrund der späteren Ereignisse.

Eher dürfte die Entwicklung seinem Vorgehen in Gallien entsprechen: Caesar begann den Krieg ohne vorherige langfristige Planungen, nutzte aber entschlossen alle Chancen, die sich ihm boten. Die Alleinherrschaft war demnach nicht das Ziel, wohl aber das Resultat seines Sieges. In welcher Form, vor allem aber mit welcher politischen Zielsetzung würde er sie ausüben?

Göttliche Ehren – aber kein Königtum

Auch wenn seine absolute Herrschaft gegen das Herkommen verstieß, hatte Sulla zumindest die republikanische Form respektiert und den Titel eines Dictators angenommen; dieses außerordentliche Staatsamt wurde ursprünglich nur in schwerer Krise auf höchstens sechs Monate verliehen. Sulla hatte es zwar ohne zeitliche Begrenzung, immerhin aber für eine festgesetzte Aufgabe bekleidet und damit die Tradition gewahrt (s. S. 16). Obwohl er dem Vorgänger in der Alleinherrschaft wegen seiner Grausamkeit ablehnend gegenüberstand, folgte Caesar in der Titulatur seinem Beispiel – nun allerdings ohne jede Einschränkung. Erstmals hatte er das Amt nur für wenige Tage übernommen, um die Konsulwahlen für das folgende Jahr durchzuführen (49 v. Chr.), nochmals für ein Jahr nach dem Sieg bei Pharsalos. Nach der Schlacht bei Thapsus verlieh ihm der Senat diese Würde

Abb. 48
Als erstem Römer wurde Caesar die Ehre zuteil, bereits zu Lebzeiten im Münzbild zu erscheinen (44 v. Chr.). Das Porträt zeigt den Dictator kurz vor seinem Tod, gealtert und verbraucht (Sammlung W. Niggeler).

Caesars Klappstuhl

Der elfenbeinerne Klappstuhl (*sella curulis*) war eines der Kennzeichen römischer Magistraten. Seine Bezeichnung («Wagenthron») geht auf die altorientalische Sitte zurück, einen Sitz für den Herrscher auf dessen Streitwagen mitzuführen.

für zehn Jahre, nach dem endgültigen Sieg bei Munda auf Lebenszeit (*dictator perpetuo*). Die Verfassungsprinzipien von Kollegialität und Annuität (s. S. 13) waren damit endgültig außer Kraft gesetzt, auch wenn durch die Verwendung einer überlieferten Amtsbezeichnung die republikanische Form notdürftig gewahrt blieb.

Beispiellose Ehrungen wurden für den unumschränkten Herrn Roms beschlossen: Er durfte in der Öffentlichkeit stets das Triumphalgewand (Abb. 47) und einen goldenen Kranz tragen sowie auf einer goldenen *sella curulis* thronen; 72 Liktoren sollten ihm vorangehen (einem Konsul zwölf); der Titel *parens patriae* (Vater des Vaterlandes) wurde ihm verliehen, ebenso der althergebrachte Siegestitel eines Imperators als erblicher Vorname (daraus entwickelte sich in zahlreichen europäischen Sprachen die Bezeichnung für den Kaiser); er erhielt die Vollmachten eines Censors und einige der tribunizischen Vorrechte wie die Unverletzlichkeit (nicht aber die eigentliche *tribunicia potestas*); als erster Römer erschien er bereits zu Lebzeiten im Münzporträt (Abb. 48); ihm wurde – politisch noch bedeutsamer – das Recht zuerkannt, verbindliche Wahlvorschläge vorzulegen – damit gab es faktisch keine Beamtenwahlen mehr!

Waren dies bereits Ehrenbezeugungen, wie sie nie zuvor ein Römer empfangen hatte, so hoben ihn weitere Beschlüsse geradezu über menschliches Maß empor: Caesars Geburtsmonat Quintilis wurde in «Iulius» umbenannt, sein Haus mit einem Tempelgiebel geschmückt, seine Statue mit der Inschrift «Dem unbesiegbaren Gott» im Tempel des Quirinus aufgestellt (unter diesem Kultnamen wurde Romulus verehrt), eine weitere im Tempel des Iuppiter Capitolinus; freilich ist unklar, ob es sich dabei um Kultbilder handelte, vor denen geopfert wurde. Caesar wurde auch niemals ausdrücklich als *deus* (Gott) bezeichnet; seine spätere Benennung *divus Iulius* («göttlicher Iulius») ist nach damaligem Sprachgebrauch nur postum denkbar. Erst nach seinem Tod ist der Dictator demnach in sakralrechtlich verbindlicher Form zum Gott erhoben, Priester mit seiner kultischen Verehrung betraut worden. Jedoch waren bereits die zu Lebzeiten verliehenen Ehrungen mit der Tradition der Adelsrepublik unvereinbar.

Welche dieser Beschlüsse auf Caesars eigenen Wunsch zurückgingen, welche auf Schmeichelei beruhten, der er nicht entgegentrat – und ob einige von Gegnern seiner Machtstellung in der Absicht initiiert waren, ihn als «Tyrannen» allgemeinem Hass auszusetzen, ist nicht mehr erkennbar. In jedem Fall wurde stets ein Begriff sorgsam vermieden – das den Römern seit dem legendenhaft verklärten Sturz der Könige verhasste Wort *rex*.

Der Tempel des Iuppiter Capitolinus

Auf dem Kapitolshügel weithin sichtbar, beherrschte sein majestätischer Bau jahrhundertelang die «Ewige Stadt» – das Heiligtum für die Kapitolinische Göttertrias Iuppiter, Iuno und Minerva war ihr Haupttempel, Ziel der Triumphzüge siegreicher Feldherren. Gestiftet in der römischen Frühzeit, zeugte der Tempel des Iuppiter Capitolinus von Glanz und Macht der etruskischen Herrscher Roms. Mehrfach durch Brände zerstört, wurde er als marmorner Prunkbau erneuert, dessen Gestalt durch ein Relief vom Triumphbogen des Marc Aurel überliefert ist. Reste des Tempelpodiums blieben im Konservatorenpalast erhalten.

Reformprogramm

Noch zu Beginn des Bürgerkrieges galt Caesar im Bereich der Innenpolitik zumindest der senatorischen Führungsschicht allenfalls als geschickter (und gewissenloser) popularer Demagoge. Aber man darf als sicher annehmen, dass er in den langen Jahren seiner politischen und militärischen Tätigkeit die tief wurzelnden Gründe für die Krise der späten Republik erkannt und Ansätze zu ihrer Bewältigung entwickelt hatte. Auf seinen langen Feldzügen hatte er wie kaum ein Römer vor ihm nahezu alle Gebiete des Imperium Romanum aufgesucht; er kannte demnach die strukturellen Schwächen des römischen Staates – nun konnte er sich ihrer Behebung zuwenden. Seine Leistungen auf diesem Gebiet sind allerdings von der Antike kaum gewürdigt worden; erst Th. Mommsen hat sie in das allgemeine Bewusstsein gerückt. Vieles davon ist freilich unvollendet geblieben – angesichts der kurzen Zeit seiner Alleinherrschaft kaum verwunderlich.

Wie bereits in seinem Konsulat erstrebte Caesar die Verringerung des stadtrömischen Proletariates. Dazu dienten einerseits seine baulichen Stiftungen (s. S. 84–88), die zahlreichen Menschen Arbeit gaben, ebenso die Förderung der freien Lohnarbeit anstelle des Einsatzes von Sklaven. Im Mittelpunkt stand jedoch das Siedlungsprogramm, das 80000 bedürftigen Bürgern Land außerhalb Italiens zuwies. Dadurch gelang es, die Zahl der Empfänger von kostenlosem staatlichen Getreide (nach heutigem Verständnis «Sozialhilfeempfänger») von 320000 auf 150000 zu senken. In der allgemeinen

Finanzkrise, die während des Bürgerkrieges mehrfach zu Unruhen geführt hatte, zeigte sich Caesar als «sozialer» Politiker, wandte sich aber gegen sozialrevolutionäre Programme: Er verbesserte die Lage der Verschuldeten, lehnte aber einen allgemeinen Schuldenerlass ab.

Mit dem Siedlungsprogramm verbunden waren zahlreiche Koloniegründungen, vor allem in Gallien, Spanien und Nordafrika; sie dienten wirtschaftlichen und militärischen Zielen, förderten aber auch die Romanisierung des Reiches. Zu den neu gegründeten Städten zählten Korinth und Karthago (Abb. 49), die – im selben Jahr zerstört (146 v. Chr.) – nun zu gleicher Zeit wiedererstanden. Mit ihren neuen römischen Namen (Colonia Laus Iulia Corinthus bzw. Colonia Iulia Carthago) verherrlichten sie zugleich – wie zahlreiche andere Pflanzstädte – den Namen ihres Neugründers. Sicher waren diese Mittel zur Lösung der gravierenden sozialen Probleme nicht neu oder «originell» (H. Strasburger); aber die Kunst des Staatsmannes kann auch in der Durchsetzung von bereits bewährten, als richtig erkannten Maßnahmen bestehen.

Schon früher hatte Caesar nach Beendigung seiner Feldzüge in Afrika, Spanien und Südgallien diese Gebiete neu organisiert. Nun gab er den Provinzen durch seine Gesetzgebung gegen den Amtsmissbrauch der Statthalter größeren Schutz. Die Gerichte wurden wieder ausschließlich den Senatoren und Rittern übertragen. Eine durchgreifende Reform der Städteverwaltung wurde begonnen; wahrscheinlich erlangte sie aber erst nach Caesars Tod Gesetzeskraft.

Seine Macht sollte das Verbot aller politischen Vereinigungen sichern, ebenso die Begrenzung der Amtszeit von Propraetoren auf ein, für Prokonsuln auf zwei Jahre; lang währende militärische Kommandos – wie er sie selbst zu seinem Aufstieg genutzt hatte – sollte es nicht mehr geben.

Abb. 49
Karthago, Hafen. Der Kriegshafen, dessen kreisrundes Becken 200 Schiffe aufnehmen konnte, erinnert an die einstige militärische Macht der Stadt; nach ihrer Neugründung durch Caesar stieg sie zu einer der bedeutendsten Metropolen des Römischen Reiches auf.

Reichspolitik

Aus einem Briefzitat Caesars – «Stabilität für Italien, Frieden für die Provinzen, Wohlergehen für das Reich» (Caes. Civ. 3,57,4) – hat man sein politisches Programm ablesen wollen (M. Gelzer). Auffallend ist darin die Nichterwähnung der Stadt Rom. Tatsächlich hatte Caesar offenbar erkannt, dass ein Weltreich eine breitere Grundlage benötigte, als eine einzige Stadt geben konnte. Allerdings bedeutete das keine Vernachlässigung der Hauptstadt; das zeigen seine sozialen Maßnahmen, die vor allem dem stadtrömischen Proletariat zugute kamen, ebenso das großartige Bauprogramm für die Stadt (s. S. 84–88). Aber er bezog die Bevölkerung der Provinzen in bisher unbekanntem Ausmaß in die Teilhabe am römischen Staat ein; «Reichspolitik» trat an die Stelle der bisherigen «Stadtpolitik». Schon zu Beginn des Bürgerkrieges hatte er den bereits kulturell romanisierten Bewohnern der Gallia Cisalpina das römische Bürgerrecht verliehen; damit belohnte er sie für die langjährige Unterstützung in seinen Kriegen in Gallien und gegen die innerrömischen Feinde. Großzügig wurde es auch zahlreichen adligen Galliern und anderen führenden Provinzialen übertragen – eine Vorstufe zu der Ausweitung des Bürgerrechtes auf immer mehr Bewohner des Reiches in der Kaiserzeit.

Ebenso in die Epoche des Prinzipates wies die Aufnahme von Angehörigen der provinzialen Führungsschichten in den Senat, der von 600 auf 900 Mitglieder erweitert wurde. Dass Caesar dabei auf Widerstand stieß, zeigte der zeitgenössische Spott über die «frischgebackenen» Senatoren, über die Caesar eben noch seinen Triumph gefeiert hatte, die vor kurzem noch Hosen getragen hatten (für die Antike das «barbarische» Kleidungsstück schlechthin!) und nun nicht einmal den Weg zur Curia (Abb. 50) fanden, da ihnen die Stadt völlig fremd war (Suet. Caes. 80,2; vgl. das. 76,3). Übrigens ist Unwille gegen die Erhebung von gallischen Adligen in den Senatorenstand noch unter Kaiser Claudius (41–54 n. Chr.) überliefert (Tac. ann. 11,23). Caesars hochfliegenden Geist bezeugen auch seine weiteren Vorhaben, die teilweise erst Jahrtausende (!) später verwirklicht wurden: Der Ausbau des Hafens von Ostia (unter Traian), die Kodifikation des römischen Rechts (durch Iustinian), der Durchstich des Isthmus von Korinth (1893; Abb. 51) und die Trockenlegung der Pontinischen Sümpfe südöstlich von Rom (durch Benito Mussolini).

Am weitesten aber wirkte eine andere Maßnahme fort – die Reform des alten römischen Mondkalenders durch den alexandrinischen Astronomen Sosigenes. Durch die unsachgemäße Einfügung von Schaltmonaten hatte sich die Zählung um nahezu drei Monate gegenüber dem tatsächlichen Jahresablauf verschoben. Caesar ließ daher das Jahr 46 v. Chr. um die fehlenden Tage verlängern (das erklärt auch die Fülle der Ereignisse in diesem Jahr!) und führte für die Folgezeit das Sonnenjahr mit $365\,^{1}/_{4}$ Tagen ein. Erst 1582 wurde dieser Kalender unter Gregor XIII. geringfügig korrigiert; die Ablehnung allen katholischen Einflusses führte dazu, dass diese Verbesserung in den protestantischen Ländern Europas wesentlich später eingeführt wurde (in Großbritannien 1752), im orthodoxen Russland erst nach der Oktoberrevolution (die tatsächlich am 7. November stattfand). Die Ostkirche bewahrte stets den Julianischen Kalender – hier gilt er fort bis in unsere Zeit!

Abb. 50
Curia Iulia. Im Zusammenhang mit der Neugestaltung des Forum Romanum entstand auch ein neues Gebäude für die Sitzungen des Senates (s. S. 85). Die Römer spotteten über die fremdstämmigen Senatoren von Caesars Gnaden, die den Weg dorthin nicht fanden.

Abb. 51
Kanal von Korinth. Fast senkrecht fallen die Wände des Kanals von Korinth in eine Tiefe von 80 m ab. Erst gegen Ende des 19. Jhs. wurde das Projekt vollendet, das bereits Periander, Caesar und Nero verfolgt hatten.

CAESAR

GEBURT EINER KAISERLICHEN METROPOLE

Abb. 52
Curia Iulia. Ein Denar Octavians (um 30 v. Chr.) lässt die ursprüngliche Gestalt des Senatsgebäudes erkennen: Der Ziegelbau war mit Marmorplatten und Stuck inkrustiert und von einer Portikus umgeben; Statuen bekrönten sein Dach (Münzen und Medaillen AG, Basel).

«Die Stadt Rom aber, die im Vergleich zum Glanz des Reiches nur wenige bedeutende Bauwerke besaß ..., schmückte er so, dass er sich zu Recht rühmte, er habe eine Stadt aus Ziegeln übernommen, hinterlasse aber eine marmorne.»
(Sueton, Aug. 28,3)

Abb. 53
Forum Iulium (Caesarforum). Aus der Beute der gallischen Siege ließ Caesar ein Forum mit dem Tempel seiner Stammmutter Venus und dem eigenen Reiterstandbild errichten; nach seinem Vorbild stifteten spätere Herrscher weitere «Kaiserfora» zur Verherrlichung ihrer Taten.

Mit dem Wandel des römischen Staates von der Adelsrepublik zur Monarchie änderte sich auch das Antlitz der Stadt Rom; aus der bisher wenig ansehnlichen Stadt, die ungeachtet ihrer politischen Dominanz im Schatten der großen hellenistischen Residenzen stand, wurde die wahre Hauptstadt der Welt, deren Bauten jeden Besucher zutiefst beeindruckten und noch heute – selbst als Ruinen – den Geschichtskundigen ebenso in ihren Bann ziehen wie den Rucksacktouristen.

Mit einem gewissen Recht rühmte Augustus diese Entwicklung als sein Werk (s. Kapitelbeginn); tatsächlich verdankte ihm Rom ein Bauprogramm, dessen Umfang und künstlerische Vollendung alles Bisherige bei weitem übertraf. Aber der Aufstieg der Stadt zu einer «kaiserlichen» Metropole begann bereits in den letzten Jahrzehnten der Republik: Pompeius war der erste römische Politiker, der sie nach dem Vorbild der hellenistischen Könige mit eigenen Großbauten verschönerte, die der urbanen Infrastruktur und der Unterhaltung des Volkes dienen sollten – zugleich aber dem eigenen Ruhm und der eigenen Popularität. Er ließ auf dem Marsfeld das erste steinerne Theater Roms errichten, das in den Straßenzügen der Piazza di Grotta Pinta und der Via del Biscione erhalten blieb. Zu dem Komplex gehörten außerdem eine Portikus und die Curia des Pompeius (s. S. 95).

Caesarforum

Natürlich wollte Caesar hinter seinem Rivalen nicht zurückstehen, zumal ihm aus der gallischen Kriegsbeute die notwendigen finanziellen Mittel zur Verfügung standen. Bereits während des Krieges erwarb er für die ungeheure Summe von 100 Mio. Sesterzen ein Grundstück im Herzen Roms; dort entstand sein neues Forum (Abb. 53), dessen Vorbild die späteren Kaiserfora folgten. Im Unterschied zu dem in Jahrhunderten gewachsenen Konglomerat des Forum Romanum handelte es sich dabei um eine symmetrische rechteckige Platzanlage (160 x 75 m); hinter ihren Portiken öffneten sich in zwei Stockwerken Tabernae. Auf dem Platz erhob sich die Reiterstatue des Stifters; sein Pferd mit Vorderhufen in der Form menschlicher Füße galt als Symbol der Weltherrschaft (s. S. 105).

Das Forum wurde vom Tempel der Venus Genetrix beherrscht, der göttlichen Stammmutter Caesars; ihr hatte er am Vorabend der Schlacht bei Pharsalos ein Heiligtum gelobt. Teile der Tempelfront mit acht korinthischen Säulen sind wieder aufgerichtet; einige der Stützen blieben im Baptisterium des Lateran erhalten. In der Apsis – wohl der ersten der römischen Sakralarchitektur – stand die Kultstatue der Göttin; zudem umschloss der Bau kostbare Gemälde zu mythischen Themen, sechs Kabinette mit Edelsteinen sowie die Standbilder von Caesar und Kleopatra.*

Der Komplex wurde zwar von Caesar eingeweiht (46 v. Chr.), doch erst von Octavian vollendet; in trajanischer Zeit grundlegend umgestaltet und nach einem verheerenden Brand unter Diocletian erneuert, wurde er 1930/32 teilweise freigelegt.

* Die «Venus vom Esquilin» in den Kapitolinischen Museen ist hypothetisch als Kopie dieser Darstellung Kleopatras identifiziert worden; dazu neuerdings B. Andreae, Kleopatra und die Caesaren (2006).

Umgestaltung des Forum Romanum

Abb. 54
Ein Modell des Forum Romanum im Museo della Civiltà Romana (1935–1971) zeigt Rom zur Zeit Konstantins d. Gr.; neue archäologische Erkenntnisse werden jeweils in die Rekonstruktion eingefügt.

Während der Straßenkämpfe zwischen den Banden des Clodius und Milo war das alte Senatsgebäude, die Curia Hostilia, einem Brand zum Opfer gefallen. Caesar nutzte diese Gelegenheit zu einer grundlegenden Umgestaltung des Forums, die von Augustus zu Ende geführt wurde. Dabei wurde eine neue Curia Iulia errichtet, die sich an das Caesarforum schloss; später als Kirche S. Adriano weiterhin genutzt, blieb sie bis heute erhalten. Der Ziegelbau war mit Marmor inkrustiert und von einem Portikus umgeben; der Innenraum ist von der Restaurierung unter Diocletian geprägt (s. Abb. 50). Gleichzeitig wurde der gesamte westliche Teil des Platzes neu gestaltet; mit finanzieller Unterstützung Caesars wurde dabei die Basilica Aemilia erneuert. Während diese ihre alte Bezeichnung nach dem ursprünglichen Bauherrn bewahrte, trug die gegenüber errichtete fünfschiffige Basilica Iulia den Namen des Stifters. In diesen geräumigen Markthallen konnten bei schlechtem Wetter die Handelsgeschäfte und Prozesse stattfinden, die sich sonst auf dem Forum selbst abspielten. Durch die nahezu parallelen monumentalen Fassaden der Basiliken gelang es zugleich, die asymmetrische Anlage des Platzes zu verdecken (Abb. 54. 55).

Das Projekt zeigte in seiner Gesamtheit die enge Verbindung zwischen der politischen Entwicklung von der Republik zur Monarchie und der baulichen Gestaltung des Forum Romanum: Ursprünglich hatten die Gebäude für die Institutionen der Verfassung hier in sinnvollem Zusammenhang gestanden: An das Comitium, den Platz der Volksversammlung, grenzten unmittelbar die Curia für den Senat und die Rostra für die Magistrate. Nun wurde diese Verbindung aufgelöst – geradezu symbolisch für den Zerfall der Staatsordnung. Das Comitium wurde durch das Caesarforum überbaut, Senatsgebäude und Rednerbühne voneinander getrennt. Für die Volksversammlung sollte künftig die Saepta Iulia auf dem Marsfeld (nahe dem späteren Pantheon) dienen, ein riesiger Platz mit Portiken; unter Agrippa vollendet, verlor er bald seine politische Funktion und diente später als Handelsplatz.

Zugleich wurde das Forum aus einem allgemeinen Versammlungsort der Bürger zu einem dynastischen Monument. Bereits im Namen erinnerten Curia und Basilica an die *gens Iulia*, deren Stiftungen den Platz einfassten. Augustus vollendete die Entwicklung, indem er diesen Bereich des Forums durch den Tempel des *divus Iulius* (s. S. 102, Abb. 64. 65) und die angrenzenden Triumphbögen für sich selbst und seine Enkel C. und L. Caesar nach Osten abschloss.

Abb. 55
Forum Romanum. Vom Palatin aus ist die Umgestaltung des Forums durch Caesar und Augustus gut erkennbar: Zwei Basiliken, die Curia und der später hinzugefügte Tempel des Divus Iulius umschließen einen trapezförmigen Platz und machen das Geschlecht Caesars auf dem einstigen Versammlungsplatz der Bürger allgegenwärtig.

Abb. 56
Theater des Marcellus: Seine beengte Lage vor der Freilegung durch Benito Mussolini lässt schon der Stich (um 1800 publiziert) erkennen (Privatbesitz).

Weitere Projekte

In Rivalität zu Pompeius und dessen Theater stiftete Caesar einen ähnlichen Bau unterhalb des Kapitols; unter Augustus vollendet, erhielt er später den Namen von dessen früh verstorbenem Neffen und präsumptiven Nachfolger Marcellus (Abb. 56). Seine Fassade öffnet sich in 41 Arkaden; zwei der drei Stockwerke blieben erhalten, da der Bau seit dem Mittelalter als Burg der Orsini diente. Die *cavea* (Durchmesser 130 m) dürfte Platz für 15 000 Zuschauer geboten haben; das Bühnengebäude blieb nicht erhalten. Der Unterhaltung diente auch die Anlage eines hölzernen «Jagd-Theaters» (offenbar für Tierhetzen); wahrscheinlich wurde es für die Dauer der Spiele in das Forum Romanum eingefügt. Die allseitig von Sitzen umschlossene Arena wurde (erstmals?) als «Amphitheater» bezeichnet (Dio 43,22,3).

Weitere Pläne – etwa die Errichtung eines gewaltigen Heiligtums für den Kriegsgott Mars über den Substruktionen auf dem kleinen Codetafeld, wo Caesar anlässlich seiner Triumphe einen künstlichen See für eine Naumachie angelegt hatte – vereitelte sein Tod.

CAESAR

DIE IDEN DES MÄRZ

Abb. 57
Karl Theodor von Piloty: Caesars Tod (1865). Mit dem theatralischen Pathos des 19. Jhs. schildert der vielbewunderte Münchener Historienmaler das dramatische Geschehen (Hannover, Niedersächsisches Landesmuseum).

Acta enim illa res est animo virili, consilio puerili.

«Jene Tat geschah mit der Tapferkeit von Männern, aber dem Verstand eines Kindes.»
(Cicero, Att. 14,21,3)

Fraglos trug das Bauprogramm Caesars monarchische Züge, verfügte er über die unumschränkte Macht in Rom. Dass die Staatsordnung eines Stadtstaates für ein Weltreich nicht mehr genügte, der Wandel von der Adelsrepublik zu einer Alleinherrschaft unausweichlich war, hatte sein politisches Genie klar erkannt. Durch die Jahrhunderte bleibt jedoch umstritten, welche endgültige Form und Benennung er seiner Machtstellung verleihen wollte.

Zweifellos trat er dem Senat mit zunehmender herrscherlicher Attitüde gegenüber; auch sind von ihm Bemerkungen überliefert, die wenig Rücksicht auf republikanisches Empfinden zeigen: «Die Republik sei ein Nichts, ein bloßer Name ohne Körper und Gestalt» (Suet. Caes. 77); verletzend wirkte auch die offene Missachtung der traditionsgeheiligten Vorzeichen bei der Opferschau. Nach nahezu anderthalb Jahrzehnten im Feld, wo sein bloßer Wille Gesetz gewesen war, dürfte es Caesar schwer gefallen sein, sich den hergebrachten Formen des Umgangs mit den «gleichrangigen» Standesgenossen zu fügen. Besonderen Unwillen erregte, dass er sitzen blieb, während ihm die Magistrate und Senatoren weitere Beschlüsse zu seinen Ehren vortrugen. Als er die Verärgerung bemerkte, zeigte er freilich sein diplomatisches Geschick und entschuldigte sein Verhalten mit einer Krankheit.*

Verachtung für die altehrwürdigen Traditionen zeigte er auch, als er am letzten Tag des Jahres seinen früheren Legaten C. Caninius Rebilus nach dem Tod des Konsuls für die «restliche Amtszeit» zum Nachfolger ernannte.

* Caesars Äußerung bei dieser Gelegenheit, die ehrenden Beschlüsse sollten eingeschränkt, nicht vermehrt werden, könnte darauf hindeuten, dass er die Servilität der Senatoren zunehmend als peinlich empfand.

Der Spott Ciceros zeigte, dass dies als Verhöhnung der überkommenen Institutionen empfunden wurde:
«Wisse, dass daher unter dem Konsulat des Caninius niemand gefrühstückt hat. Dennoch geschah in seiner Amtszeit nichts Schlimmes; denn er zeigte eine wundersame Wachsamkeit, da er in seinem gesamten Konsulat keinen Schlaf sah.»

(Cicero, ad fam. 7,30,1)

Dem Herkommen widersprach auch die Berufung seiner führenden Mitarbeiter; C. Oppius und L. Cornelius Balbus entstammten nur dem Ritterstand, Balbus war zudem von nichtrömischer Herkunft (er war in Gades geboren und hatte erst später das Bürgerrecht erlangt). Als führende Diplomaten Caesars, zudem als «Kanzleichefs» leiteten sie in seiner Abwesenheit die Geschäfte in Rom; man kann sich unschwer vorstellen, mit welchen Gefühlen patrizische Senatoren Macht und Einfluss dieser Emporkömmlinge betrachteten, wenn sie bei ihnen antichambrieren mussten!

Gerede in Rom

Vielfältige Gerüchte verstärkten den Eindruck einer beginnenden Monarchie: Caesar wolle Ilion (als Stadt seiner mythischen Ahnen) oder Alexandria (die Residenz der Kleopatra) zu seiner neuen Hauptstadt erheben; die offensichtliche Beziehung zur Königin Ägyptens dürfte ebenfalls Missstimmung hervorgerufen haben.** Kolportiert wurde auch, der Dictator wolle sich das gesetzliche Vorrecht verleihen lassen, mehrere Frauen gleichzeitig zu ehelichen.

Gerüchte gab es gleichfalls um einen groß angelegten Feldzugsplan gegen das Partherreich, mit dem der Tod des Crassus (s. S. 58) gerächt werden sollte. Dabei beabsichtigte Caesar angeblich, nach der Unterwerfung dieses Gegners durch den Kaukasus und um das Schwarze Meer in das Land der Skythen zu ziehen, die Nachbarvölker der Germanen, dann diese selbst zu unterwerfen und am Rhein wieder die Grenze des Imperiums zu erreichen; bis

** In Rom gab es tief sitzende Vorbehalte gegen auswärtige Verhältnisse, wie noch über 100 Jahre später Titus erleben musste.

zum Ozean sollten alle Lande erobert werden (Plut. Caes. 58,6 f.). Suetons Darstellung der eher vorsichtigen Feldzugspläne gegen Daker und Parther (Caes. 44,3) lässt an diesem Versuch der Welteroberung zweifeln; er widerspricht zudem dem Wesen Caesars, der stets – etwa am Rhein und in Britannien – seine Grenzen erkannt hatte und eben kein zweiter Alexander war. Die geplante Kriegsdauer von drei Jahren – zu erschließen aus der Ernennung von Magistraten für diesen Zeitraum – verweist den grandiosen «Plan» ebenfalls in das Reich der Legende.

Auch eine angebliche Prophezeiung kursierte in Rom: Nur ein König könne die Parther besiegen; daher solle Caesar vom Senat diese Würde übertragen werden, allerdings nicht für die Stadt Rom und Italien, sondern nur für die Provinzen.* Tatsächlich besaß er bereits königliche Macht, auch wenn er diesen Namen nicht führte – so empfand es jedenfalls Cicero (ad fam. 11,29,8). Aber erstrebte er auch den Titel eines Königs?

* Faktisch wäre dies nichts anderes gewesen als das geschickter verbrämte «imperium proconsulare», mit dem sich später Augustus die Verwaltung aller Provinzen übertragen ließ, in denen Truppen stationiert waren.

Caesar als Monarch?

In der Forschung sind zu dieser Fragestellung im Wesentlichen drei Positionen auszumachen: Den Befürwortern der monarchischen Zielsetzungen Caesars – entweder als König in altrömischer Tradition oder als hellenistisch-orientalischer Gottherrscher – steht die Auffassung entgegen, dem Dictator sei die tatsächliche Macht genug gewesen.** Für sein Streben nach der hellenistischen Form der Monarchie werden die gottgleichen Ehren angeführt, die für ihn beschlossen wurden (s. S. 77). Vor allem aber wird auf sein «Schlüsselerlebnis» in Alexandria hingewiesen: Von seiner königlichen Geliebten habe er entscheidende Anregungen für die monarchischen Pläne erhalten. Allerdings ist doch eher fraglich, ob gerade die Zustände an den Höfen des späten Hellenismus mit ihren Herrschermarionetten und den Palastintrigen einflussreicher Höflinge (die Caesar selbst erlebt hatte) dem nüchternen Machtpolitiker erstrebenswert schienen – zumal angesichts des Niederganges der hellenistischen Reiche, denen wenig von Alexanders Glanz geblieben war: Makedonien und die Reste des Seleukidenreiches waren längst römische Provinzen, das Reich der Ptolemäer ein Protektorat geworden.

** Die neuere Forschung tendiert immer mehr zu dieser Auffassung.

Das traditionelle Triumphalgewand, das der altrömischen Königstracht glich und von Caesar bei offiziellen Anlässen getragen wurde (s. S. 77 und Abb. 47), ebenso der in seinem Ursprung etruskische goldene Kranz (statt der hellenistischen Herrscherbinde) könnte dagegen auf eine italisch-römische Form des erstrebten Königtums weisen, zumal auch Romulus zu seinen Ahnen zählte.

Aber es erscheint als fraglich, ob der Dictator nicht zu klug war, um den Titel *rex* zu vermeiden, dem in Rom seit dem legendenumwobenen Sturz der Tarquinier glühender Hass entgegenschlug. Denn seine Macht war bereits unumschränkt und konnte durch einen neuen Titel nicht gemehrt werden. Er selbst hat sich gegen den Zuruf «König» mit dem Wortspiel verwahrt, er heiße Caesar und nicht Rex (der Name seines Großvaters).

In dieser Frage kann es nach über 2000 Jahren keine

Abb. 58
Bernhard Rode: Antonius reicht beim Feste der Luperkalien dem Caesar eine goldene Krone (1776; Kiel, Kunsthalle).

endgültige Antwort geben; allzu groß ist die Gefahr, in Spekulationen zu verfallen oder auch anticaesarischer Propaganda zu folgen. Die schlüssigste Formulierung hat wohl F. E. Adcock gefunden: «He was killed because of what he was, not because of what he might be.» (The Cambridge Ancient History IX, The Roman Republic 133–44 BC, Cambridge 1932, 724) Die Abschaffung der Dictatur für alle Zeiten nach dem Tod Caesars durch M. Antonius lässt tatsächlich darauf schließen, dass die faktische Machtfülle des Ermordeten den Hass der republikanisch Gesinnten geweckt hatte, nicht die Furcht, er könnte ein neues Königtum begründen.

Deutlich wird die Schwierigkeit, Caesars letzte politische Ziele zu entschlüsseln, durch die Ereignisse bei den Lupercalien (15. 2. 44 v. Chr.; Abb. 58): Bei diesem uralten Hirtenfest bot Antonius dem Dictator, der auf der Rostra thronte, das Diadem an. Aber nur wenige bestellte Claqueure spendeten Beifall; das Volk blieb stumm. Erst als Caesar das Zeichen der Herrschaft zweimal zurückwies und schließlich in den Tempel des Iuppiter Optimus Maximus auf das Kapitol bringen ließ, jubelten alle.

Wer Urheber dieses Versuches war, ist umstritten. Hatte M. Antonius den Vorfall inszeniert, um die Dankbarkeit des neuen Königs zu gewinnen, oder wollte der Dictator selbst die Stimmung des Volkes erproben? Aber es gab auch Hinweise auf eine Beteiligung seiner Gegner – denn die Annahme des Diadems hätte Caesar als «Tyrannen» entlarvt (Nik. Dam. 21).

Die Verschwörung

Ob mit oder ohne königlichen Titel – Caesars Alleinherrschaft sprengte in jedem Fall das Gefüge des republikanischen Staates. Dabei ist es müßig zu fragen, ob er durch größere Zurückhaltung bei der Darstellung seiner Macht das Odium des «Tyrannen» vermieden hätte, wie es später seinem Nachfolger gelingen sollte. Denn die führenden Anhänger der Republik hätten auch eine verschleierte Alleinherrschaft durchschaut und abgelehnt. Der entscheidende Vorteil des Augustus war vielmehr, dass nach den Proskriptionen des 2. Triumvirates, nach den Bürgerkriegen von Philippi und Actium keine handlungsfähige senatorische Opposition mehr existierte (s. S. 119–122).

Etwa 60 Verschwörer fanden sich mit dem Ziel zusammen, den Dictator zu beseitigen. Ihre führende Persönlichkeit war C. Cassius Longinus, einer der nach Pharsalos begnadigten Pompeianer. Caesar hatte ihn sogar zum Praetor (44 v. Chr.), für das folgende Jahr zum Statthalter Syriens bestimmt; dennoch war er unzufrieden, da er bei der Verleihung der Konsulate keine Berücksichtigung gefunden hatte. Seine republikanische Gesinnung stand jedoch außer Zweifel; offen hatte er im Senat die Ehrungen für Caesar abgelehnt. Ihm gelang es, auch seinen Schwager M. Iunius Brutus für das Vorhaben zu gewinnen (Abb. 59).

Dieser war durch seine Familientradition eng mit den Idealen der Adelsrepublik verbunden; der ältere Brutus, der (fiktive) erste Konsul Roms, der nach legendärer

Überlieferung die Stadt nach dem Selbstmord der edlen Lucretia von der tyrannischen Herrschaft der Tarquinier befreit hatte, galt als sein Urahn.

Die dramatische Schilderung dieser Ereignisse durch Livius lässt die prägende Kraft der familiären Tradition erahnen: «Brutus ... zog das von Blut triefende Messer aus Lucretias Wunde, hielt es vor sich und sprach: ‹Bei diesem Blut – dem keuschesten vor der Entehrung durch den königlichen Sproß – schwöre ich und nehme Euch, Ihr Götter, zu Zeugen, dass ich Tarquinius Superbus, seine verbrecherische Gemahlin und seine gesamte Nachkommenschaft mit Feuer und Schwert, mit jedem Mittel der Gewalt, das mir zu Gebote steht, verfolgen und nicht dulden werde, dass sie oder ein anderer in Rom herrscht.›»

(Livius, 1,59,1)

Von mütterlicher Seite stammte er von C. Servilius Ahala ab, der nach einer patriotischen Legende einst einen Mitbürger getötet hatte, weil dieser nach dem Königtum strebte. Zudem war er tief geprägt vom republikanischen und stoischen Denken seines Oheims Cato, nach dessen Tod Brutus durch die Heirat mit seiner Tochter die geistige Verbindung erneuert hatte.

Andererseits hatte ihn Caesar nach der Schlacht bei Pharsalos begnadigt und danach seine Laufbahn gefördert; für das Jahr 41 v. Chr. war er für das Konsulat vorgesehen. Mit großem psychologischen Geschick wurde Brutus an die familiären Traditionen erinnert und für die Pläne der Verschwörer gewonnen; von idealistischen Motiven und dem Vorbild der Ahnen geleitet, gab er dem Vorhaben die notwendige moralische Autorität. Zu dessen Durchführung drängte die Zeit – am 18. 3. 44 v. Chr. wollte Caesar zum Partherkrieg aufbrechen.

Abb. 59
Die Tradition seiner Familie drängte ihn zum Tyrannenmord: M. Iunius Brutus (Rom, Musei Capitolini).

Der Dictator zeigte sich – das erleichterte einen Anschlag – um seine Sicherheit wenig besorgt; seine spanische Leibwache hatte er entlassen, um nicht als «Tyrann» zu gelten.* Zwar hatte er alle Senatoren durch einen Eid verpflichtet, sein Leben zu schützen; doch war er kaum so naiv, im Ernstfall darauf zu vertrauen. Offenbar kannte der Mann, der so oft in seinen Schlachten unter größter persönlicher Gefahr gekämpft hatte, keine Furcht. Erst kurz zuvor hatte er erklärt, der plötzliche Tod sei der schönste; ebenso, es sei besser, einmal zu sterben als sich immer davor zu fürchten; zudem habe er – was Alter und Ruhm beträfe – lange genug gelebt. Manchen erschien der Dictator verbraucht und des Lebens überdrüssig (dem widerspricht freilich seine Absicht, für etwa drei Jahre die Strapazen eines Krieges auf sich zu nehmen).

* Der Antike galt eine private Garde als Kennzeichen tyrannischer Herrschaft.

Das Attentat

An den Iden des März (15. 3. 44 v. Chr.) sollte die letzte Senatssitzung vor der Abreise Caesars stattfinden. Alpträume hatten ihn und seine Gattin Calpurnia gequält; da er sich zudem unwohl fühlte, überlegte er, zu Hause zu bleiben. Sein früherer Legat D. Brutus – jetzt einer der Verschworenen – überzeugte ihn davon, dass dies eine Kränkung der ehrwürdigen Körperschaft bedeuten würde. Auf dem Weg steckte man Caesar ein warnendes Schreiben zu; er nahm es ungelesen zu den anderen Schriftstücken.

Bei Caesars Ankunft in der Curia des Pompeius (Abb. 60; s. S. 84; das neue Senatsgebäude war noch nicht vollendet) zogen die Verschwörer den kräftigen M. Antonius durch ein Gespräch beiseite. Er sollte am Eingreifen gehindert werden; die ursprüngliche Absicht, auch ihn zu töten, hatte Brutus vereitelt, um die edle Tat des «Tyrannenmordes» nicht durch ein Unrecht zu beflecken. Dann vollzog sich das Drama (Abb. 57. 61).

«Sobald Caesar Platz nahm, umstellten ihn die Verschwörer, als wollten sie ihn ehrenvoll begrüßen. Tillius Cimber, der den Beginn übernommen hatte, trat sogleich an ihn heran, wie um eine Bitte [nach Plutarch um Begnadigung seines verbannten Bruders] zu äußern; als er ablehnte und die Angelegenheit mit einer Handbewegung auf einen späteren Zeitpunkt verschob, fasste er Caesar auf beiden Schultern an der Toga. Als dieser daraufhin rief: ‹Das ist ja Gewalt!›, verwundete ihn einer der beiden Brüder, Casca, von hinten ein wenig unterhalb der Kehle. Caesar packte Cascas Arm, durchbohrte ihn mit dem Griffel und versuchte aufzuspringen – da hemmte ihn eine zweite Verwundung. Sobald er jedoch bemerkte, dass er von allen Seiten mit gezückten Dolchen angegriffen wurde, verhüllte er mit der Toga sein Haupt und zog sie zugleich mit der Linken bis zu den Unterschenkeln hinab, um auch den unteren Teil des Körpers zu verdekken und nicht unziemlich zu fallen. So wurde er von 23 Dolchstößen durchbohrt; dabei stöhnte er nur beim ersten Stich auf, gab aber kein Wort von sich – auch wenn einige berichten, er habe, als M. Brutus ihn angriff, auf Griechisch zu ihm gesagt: ‹Auch Du, mein Sohn?›»

(Sueton, Caes. 82,1 f.)

Abb. 60
Der Todesort. Hinter den Tempeln der Area Sacra di Largo Argentina im Herzen Roms blieben einige Tuffblöcke von der Curia des Pompeius erhalten. Hier fiel Caesar den Dolchen der Verschwörer zum Opfer.

Der Tote stürzte nieder zu Füßen der Statue seines einstigen Weggefährten und Gegners Cn. Pompeius; die übrigen Senatoren waren in panischer Furcht geflohen (Abb. 62). Nur eine der Wunden war tödlich gewesen; doch hatten alle Verschwörer zugestoßen, um gemeinsam gleichsam ein Opfer darzubringen. Drei Sklaven trugen ihren Herrn in einer Sänfte in sein Haus zurück.

Das moralische Urteil über die Ermordung Caesars schwankt in der Geschichte; entscheidend wird es beeinflusst von der grundsätzlichen Einschätzung seiner politischen Ziele (s. o.) und der allgemeinen Haltung zur Problematik des «Tyrannenmordes». Allerdings muss auch dem Bewunderer der republikanischen Ideale eines Brutus bewusst sein, dass dessen Freiheitsbegriff nur die *libertas* der senatorischen Oberschicht bedeutete – nicht die Freiheit der städtischen Plebs, vor allem aber nicht die der Provinzialen, deren hemmungslose Ausplünderung jahrzehntelang fester Bestandteil der senatorischen «Freiheit» gewesen war.

Die politische und damit historische Bewertung dürfte eindeutiger ausfallen. Das Ziel der Attentäter, durch den Sturz des «Tyrannen» den Staat zu erneuern, war von Beginn an zum Scheitern verurteilt. Längst hatte sich die Adelsrepublik überlebt, unaufhaltsam vollzog sich der Übergang zur Monarchie. Klar hat bereits Cicero erkannt, dass die Tat (in seinen Augen!) herrlich, aber zwecklos war (Att. 14,12,1; vgl. Att. 15,6,2: «obwohl der Tyrann getötet ist, sind wir doch nicht frei geworden»); Goethe nannte sie «die abgeschmackteste Tat, die jemals begangen».

Abb. 61
Vincenzo Camuccini: Die Ermordung Julius Caesars (1789). Im Auftrag eines republikanisch gesinnten britischen Lords schuf Camuccini die erste großformatige Darstellung der Ermordung Caesars. In den Gesichtern der umstehenden Senatoren spiegeln sich Zustimmung und Entsetzen über das Geschehene (Neapel, Museo Nazionale di Capodimonte).

Auf der folgenden Doppelseite:

Abb. 62
Jean-Léon Gérôme: Der Tod Caesars (Original von 1859 verloren, Replik 1867). Das Gemälde von Gérôme zeigt den Moment nach dem Attentat: Die Senatoren stürzen angsterfüllt aus der Curia (Plut. Brut. 18,1 f.), im Vordergrund liegt der Ermordete, hinter ihm weitet sich der leere Raum. Baudelaire schrieb eine begeisterte Kritik, ein anderer Betrachter betitelte dagegen das Bild respektlos als «Tag der Wäscherin» (Baltimore, Walters Art Gallery).

Abb. 63
Beisetzung Caesars. Die dramatische Schilderung Suetons wird im Zinnfigurendiorama bildhaft vorstellbar (Sammlung Helmut Saiger).

Die Beisetzung

Ursprünglich hatten die Verschwörer geplant, dem Ermordeten das Begräbnis zu verweigern und seine Leiche in den Tiber zu werfen; die Furcht vor dem Konsul M. Antonius und Caesars Magister Equitum Lepidus hielt sie jedoch davon ab. Daher wurde für ihn auf dem Marsfeld ein Scheiterhaufen aufgeschichtet. Zudem errichtete man für die Totenfeier auf dem Forum Romanum (Abb. 63) – nahe der Regia, Caesars Amtssitz als Pontifex Maximus – vor der Rostra einen vergoldeten Aufbau nach dem Vorbild des Tempels der Venus Genetrix (s. S. 85–87); in seinem Inneren stand ein Bett aus Elfenbein mit einer Gold gestickten purpurnen Decke, zu dessen Häupten ein Gestell mit dem Gewand, das der Dictator an den Iden des März getragen hatte. Zwischen den Leichenspielen erklangen Lieder aus römischen Tragödien, deren Texte Mitleid mit dem Getöteten und Hass auf seine Mörder wecken sollten.

M. Antonius sprach bei der Leichenrede nur wenige Worte (die grandiose Rede bei Shakespeare ist unhistorisch); stattdessen ließ er die Senatsbeschlüsse zu Ehren Caesars verlesen und den Eid, mit dem sich alle Senatoren zu seinem Schutz verpflichtet hatten; dann trugen amtierende und ehemalige Magistraten das Totenbett auf das Forum hinab. Während man noch überlegte, wo der Leichnam verbrannt werden sollte, entzündeten zwei bewaffnete Unbekannte das Bett; sofort nährten die Umstehenden die Flammen mit Reisig, Sitzbänken, Richterstühlen und allem Brennbaren. Musiker und Schauspieler zerrissen ihre Kostüme und warfen sie in das Feuer, Veteranen ihre Waffen, Matronen ihren Schmuck und die Bullae und Togen der Kinder. Danach stürmte die Menge zu den Häusern der Mörder, um blutige Rache zu nehmen. Auch wenn es gelang, die Angreifer zurückzuschlagen – in den nächsten Tagen verließen die Verschwörer die Stadt. Die Gebeine Caesars aber wurden im Familiengrab der Julier beigesetzt (Dio 44,51,1); der Volksglaube verlegte später seine letzte Ruhestätte in den Sockel des vatikanischen Obelisken.

Abb. 64
Tempel des Divus Iulius. Octavian / Augustus stiftete seinem «göttlichen» Adoptivvater einen Tempel auf dem Forum Romanum, von dem lediglich das Podium erhalten blieb. Die Nische bezeichnet wahrscheinlich den Standort des Scheiterhaufens.

Divus Iulius

Unmittelbar nach der Totenfeier begann die kultische Verehrung des Ermordeten; an der Stelle seiner Verbrennung errichteten die Anhänger einen Altar, der auf Befehl der Konsuln unverzüglich beseitigt wurde. Später entstand am selben Ort eine Marmorsäule mit der Inschrift *«parenti patriae»* (Dem Vater des Vaterlandes), an der man Opfer und Gelübde darbrachte sowie Streitigkeiten schlichtete. Auf der Rostra ließ Antonius zudem eine Statue errichten; ihr Haupt ist mit der Porträtbüste von Torlonia identifiziert worden, deren gütige, zugleich leidende Züge geeignet waren, Mitleid mit dem dahingeschlachteten Opfer der Attentäter und das Verlangen nach Rache zu wecken.

Abb. 65
Tempel des Divus Iulius. Auf dem Denar Octavians ist die ursprüngliche Gestalt des Tempels mit dem Stern im Giebel und der Kultstatue des göttlichen Caesar erkennbar (Sammlung W. Niggeler).

Aufgrund seiner außergewöhnlichen Beliebtheit beim einfachen Volk erfuhr der Getötete schon bald weit verbreitete göttliche Verehrung. Diese nützte Octavian geschickt für die eigene Propaganda: Die (zufällige) Erscheinung eines Kometen bei Spielen zu Ehren Caesars (44 v. Chr.) wurde als Verwandlung seiner Seele in das *sidus Iulium*, das «Julische Gestirn», und damit als seine Aufnahme in den Götterhimmel gedeutet; als zeitgenössischen Abschluss seiner mythischen «Metamorphosen» hat sie Ovid eindrucksvoll geschildert (15, 745–870).

Nach der offiziellen Divinisierung seines «Vaters» – der ersten Erhebung eines sterblichen Römers unter die Götter – ersetzte Augustus das Mahnmal an der Stätte der Verbrennung durch den Tempel des *divus Iulius* (29 v. Chr.), von dem lediglich das Podium erhalten blieb. Münzbilder ermöglichen jedoch die Rekonstruktion des Heiligtums als (wohl) korinthischen Tempel mit sechs Frontsäulen, dessen Sockel bei Actium erbeutete Schiffsschnäbel zierten; im Giebel erschien das *sidus Iulium*. Eine halbkreisförmige Einbuchtung des Podiums zeigt wahrscheinlich die Stelle an, wo der Scheiterhaufen loderte (Abb. 64. 65).

Im Inneren des Heiligtums aber erhob sich die Kultstatue des göttlichen Caesar. Die bedeutendste historische Gestalt, die das römische Volk bisher hervorgebracht hatte, der größte Eroberer und mächtigste Staatsmann seiner Geschichte – nun war er endgültig zum Gott geworden!

CAESAR

ZAUBER DER PERSÖNLICHKEIT

«Alles Große aber sammelt sich in der wunderbaren Gestalt Caesars: in betreff der Begabung vielleicht der größte Sterbliche. Alle die sonst groß heißen in der Geschichte, sind einseitig neben ihm.»
Jacob Burckhardt

(zitiert nach K. Christ, Caesar. Annäherungen an einen Diktator [1994] 131)

Abb. 66
Kurz vor seinem Tod entstand die stark verwitterte Marmorbüste des Dictators mit der literarisch bezeugten Stirnglatze, die als einzige seiner zahlreichen zu Lebzeiten geschaffenen Statuen erhalten blieb. Gefunden wurde sie bei den Grabungen Lucien Bonapartes auf dem Forum von Tusculum (Turin, Castello Agliè).

Zu den Wesenszügen unserer Zeit zählt die Personalisierung des allgemeinen Interesses; die Prominenz aus Politik und Wissenschaft, Kultur und Sport wird nicht nur in ihrem eigentlichen Wirkungsfeld, sondern mit geradezu voyeuristischem Blick auch in privatesten Bereichen eingehend betrachtet und beurteilt. Das gilt ebenso für die bedeutenden Gestalten der Geschichte, wie die weite Verbreitung wissenschaftlicher Biographien, aber auch historischer Romane eindrucksvoll belegt. Die Zielsetzung dieses Buches, dem Leser ein Lebensbild Caesars vor Augen zu stellen, erfordert gleichfalls, seine Persönlichkeit (soweit möglich!) in ihren Wesenszügen zu erfassen. Dabei stellen sich freilich grundlegende Probleme: Die antiken Berichte über Taten und Charakter Caesars sind oft widersprüchlich, selbst bei dem selben Autor: Schon bei Cicero war die Empfänglichkeit für den Charme des politischen Gegners schwer vereinbar mit seiner republikanischen Überzeugung. Sein Zwiespalt zieht sich wie ein roter Faden durch die folgenden Jahrhunderte bis in unsere Zeit; das (vielfach politisch begründete) Caesar-Bild des jeweiligen Autors bestimmt die Einschätzung seiner Persönlichkeit – von hymnischer Verehrung bis zu scharfem Verdikt (s. S. 124–136). Auch heute wird sich niemand der Gefahr einer subjektiven Darstellung entziehen können, zumal die Ergründung der innersten Beweggründe Caesars und seines wahren Charakters ohnehin unmöglich ist. Denn wer wollte etwa entscheiden, ob die *clementia Caesaris* Ausdruck monarchisch-überheblichen Selbstverständnisses ist oder propagandistisch motivierter Versöhnungspolitik – oder doch mild-verzeihender Wesensart? «*Quid est veritas*?» («Was ist Wahrheit?»), fragte schon Pilatus!

Zudem wandelten sich im Lauf der Zeit die grundlegenden Werte. Die unbestreitbare persönliche Tapferkeit Caesars, von den Zeitgenossen, aber auch noch vor 100 Jahren bewundert, gilt heutiger Betrachtung wenig. So schafft sich jede Epoche ihr eigenes Bild; und nicht nur seine unbestreitbaren Leistungen als Staatsmann, Feldherr und Schriftsteller stehen dabei im Blick, sondern auch der viel zitierte «Zauber» der caesarischen Persönlichkeit, der auch nüchterne Gelehrte in seinen Bann zu ziehen vermag.

Äußere Erscheinung

Beschrieben wird uns Caesar als hoch gewachsen und schlank; die Haut war zart und weiß, die Augen dunkel und lebhaft. Seine Körperpflege war äußerst penibel, die Eitelkeit durch modische Lässigkeit in seiner Jugend (er trug die Toga lose gegürtet) ebenso belegt wie durch sein schmerzliches Bedauern über die beginnende Glatze; bekanntlich versuchte er sie durch das Vorkämmen der Scheitelhaare, später durch den goldenen Kranz zu kaschieren, den er daher von allen Ehrungen durch den Senat angeblich am liebsten nutzte.

Mehrere antike Porträtbüsten – vom Jugendbildnis bis zur Darstellung des reiferen Mannes (s. Abb. 9. 32. 66) – vermitteln einen Eindruck seiner äußeren Erscheinung. Als problematisch erweist sich dabei, dass lediglich einige Münzbilder (s. Abb. 48) und der Kopf von Agliè (Abb. 66) zu Caesars Lebzeiten entstanden; die späteren Darstellungen sind vielfach als Abbilder des *divus Iulius* idealisierend verjüngt (man vergleiche das volle Haar dieser Büsten mit der Stirnglatze des Porträtkopfes von Agliè!). Die zeitgenössischen Bilder zeigen den Dictator in den letzten Lebensmonaten – von langjährigen Kämpfen und Strapazen geistig angespannt und körperlich verbraucht.

Abb. 67
Reisewagen. Auch wenn das Relief erst dem 3./4. Jh. n. Chr. entstammt – der Reisewagen Caesars dürfte ähnlich ausgesehen haben (Maria Saal).

Gesundheit und körperliche Verfassung

Über die gesundheitliche Konstitution Caesars liegen widersprüchliche Angaben vor. Nach Sueton von guter Gesundheit, war er nach dem Bericht des Plutarch eigentlich kränklich, bekämpfte diese Schwäche jedoch energisch und hatte dadurch eine übergroße Abhärtung gegen körperliche Strapazen erlangt. Zu leiden hatte er unter Ohnmachtsanfällen und ständigen Kopfschmerzen, vor allem aber epileptischen Anfällen, die ihn angeblich auch während der Schlacht bei Thapsus befielen.

Im Gebrauch der Waffen hervorragend ausgebildet – wie sein persönliches Eingreifen in einigen Schlachten (s. u.) zeigte –, war er zugleich ein guter Schwimmer; bei den Kämpfen um den Pharos von Alexandria rettete er so sein Leben. Bereits in der Jugend übte er sich im (freihändigen) Reiten; sein Lieblingspferd zeigte als angeborene Anomalie fingerartig gespaltene Vorderhufe; nach antikem Bericht duldete es keinen anderen Reiter als Caesar.

Für seine zahlreichen Reisen, deren Geschwindigkeit allgemeines Erstaunen erregte, nutzte er Wagen und Sänfte (Abb. 67); dabei pflegte er mehreren Sekretären gleichzeitig zu diktieren (Ähnliches ist von Napoleon überliefert); auch einige seiner literarischen Werke ent-

Abb. 68
Jacques de Gheyn: Caesar diktiert seinen Schreibern (17. Jh.). De Gheyns Interesse richtete sich nicht auf die Persönlichkeit Caesars – vielmehr führte ihn die künstlerische Beschäftigung mit dem lesenden Menschen zu dieser einzigartigen Darstellung (Richmond, Ham House).

auf langen Fahrten (Abb. 68). Während er sonst Luxus durchaus zu schätzen wusste, zeigte er auf Reisen und Feldzügen eine überraschende Genügsamkeit: Nach Britannien nahm er nur drei Sklaven mit (Ath. 6,273), einem erkrankten Freund trat er willig sein Schlafquartier ab und verbrachte die Nacht im Freien.

Auch in Rom arbeitete er unermüdlich; das zwang ihn dazu, selbst mit seinen Freunden in der Stadt schriftlich zu verkehren, weil die politische Tätigkeit keine Muße mehr zu persönlichem Gespräch bot.

Persönliche Tapferkeit

Für die heutige Betrachtung weitgehend unerheblich, war die kriegerische Tapferkeit in Rom unverzichtbarer Teil der *virtus*, jener Eigenschaften, die in ihrer Gesamtheit einen Mann (*vir*) ausmachten. Auch wenn die römischen Generäle inzwischen dem Vorbild Hannibals folgten, der als erster Feldherr seine Truppen nicht persönlich in das Gefecht geführt hatte, musste in kritischen Situationen auch ein Oberkommandierender selbst in den Kampf eingreifen.

Von Caesar ist dies mehrfach überliefert: In der Nervierschlacht an der Sambre entriss er einem Legionär den Schild, eilte in die vorderste Linie und feuerte seine Truppen an. Unter Lebensgefahr versuchte er bei Dyrrhachium vergeblich, seine fliehenden Soldaten aufzuhalten; bei Munda gelang es ihm dagegen, mit höchstem Einsatz die wankenden Reihen zum Stehen zu bringen. Dass er vor der Schlacht bei Bibracte sein Pferd wegführen ließ (und sich damit selbst jede Möglichkeit zur Flucht nahm), zeigt gleichfalls seinen Mut – und zugleich das Geschick, die Soldaten durch sein Vorbild anzuspornen. Die persönliche Tapferkeit Caesars bezeugt auch die *corona civica*, die er auf seinem ersten Feldzug errang, ebenso sein Auftreten unter den Piraten. Auch wenn er sich angesichts des erwarteten Lösegeldes sicher einige jugendliche Unverschämtheiten leisten konnte, wird man wohl annehmen dürfen, dass nicht alle Gefangenen Ähnliches wagten.

Caesars Ehrgeiz

Übereinstimmend wird in den antiken Berichten ungeheurer Ehrgeiz als Triebfeder für Caesars Aufstieg zu Ruhm und Macht genannt. Auch scheint ihn ein tiefes Empfinden dafür erfüllt zu haben, zu Großem berufen zu sein, wie aus der bekannten (wenn auch in ihrer Historizität umstrittenen) Episode mit dem Schiffer hervorgeht (s. S. 63 f.); das in den Wesenszügen verwandte Bekenntnis Napoleons, er habe seit seinem Sieg bei Lodi (1796) die Überzeugung erlangt, er sei ein anderen Menschen überlegenes Wesen und zu großen Dingen bestimmt, lässt die Anekdote als durchaus glaubhaft erscheinen.

> «Auf dem Weg über die Alpen kam er – wie man erzählt – an einem ärmlichen Barbarendorf vorbei, wo nur wenige Menschen lebten. Als seine Begleiter in Lachen und Scherz fragten: ‹Gibt es hier wohl auch Rivalitäten um Ämter, Rangstreitigkeiten und Neid unter den führenden Männern?›, erwiderte er im Ernst: ‹Ich würde lieber bei diesen der Erste sein als in Rom der Zweite!›»
>
> (Plutarch, Caes. 11,3 f.)

Allerdings blieb Caesar – anders als Alexander und der Große Korse – stets der Realität verhaftet; am Rhein wie in Britannien begnügte er sich mit dem Erreichten und Erreichbaren und verzichtete auf militärische Abenteuer.

Charme und Noblesse

Zweifellos übte Caesar eine außergewöhnliche Faszination aus – auf Freunde und Frauen, Volk und Soldaten. Besonders aussagekräftig ist dafür das Urteil Ciceros, da es auf persönlichem Erleben beruhte. Bei Ausbruch des Bürgerkrieges hatte sich Caesar mit großem Charme vergeblich bemüht, zumindest eine neutrale Haltung des Redners zu erreichen; als dieser nach der Schlacht bei Pharsalos nach Italien zurückkehrte und sich dem Sieger unterwarf, behandelte er ihn mit höchster Liebenswürdigkeit. Wohl wissend um Ciceros Eitelkeit, lobte er sein literarisches Schaffen in höchsten Tönen und stellte es über alle militärischen Erfolge (Cic. ad Q. fr. 2,16,5; Plin. n. h. 7,117).

Einen unmittelbaren Eindruck von Caesars persönlicher Wirkung vermittelt ein Brief Ciceros an seinen Freund und Verleger Atticus:
«Was für ein unliebsamer Gast – und dennoch ein Besuch ohne Bedauern; es war nämlich sehr nett. Er war am zweiten Tag der Saturnalien abends bei Philippus angekommen ... Von dort spazierte er am Strand entlang zu mir ... er aß und trank ohne Bedenken und mit Genuss (er hatte ein Verdauungsmittel genommen). Es war nicht nur ein luxuriöses Mahl, sondern es war auch gut zubereitet und gewürzt, begleitet von interessanten Gesprächen und, wenn Du fragst, angenehm ... Er ist kein Gast, dem Du sagen würdest: ‹Es wäre mir ein Vergnügen, wenn Du mich wieder besuchen würdest.› Einmal genügt! Bei der Unterhaltung ging es um nichts Ernsthaftes, viel über schöngeistige literarische Fragen ... Soweit zu meinem Besuch bzw. meiner Einquartierung, wie gesagt, mir verhasst, doch nicht unangenehm.»
(Cicero, Att. 13,57)

Auch die Plebs wusste er durch sein Auftreten zu gewinnen; maßgeblich trug dazu seine Großzügigkeit bei. In den ersten Jahren der politischen Tätigkeit verpflichtete er sich zahlreiche Personen aller Stände durch Geschenke und günstige Kredite; bei den späteren Triumphen gewährte er allen Bürgern reiche Schenkungen und öffentliche Bewirtungen sowie aufwendige Spiele. Seine grundlegenden Reformen eröffneten zugleich vielen Armen eine neue Chance für eine gesicherte Existenz. Die Trauerbekundungen bei seiner Beisetzung zeigten eindrucksvoll die Zuneigung, die ihm von den einfachen Menschen entgegengebracht wurde. Dabei verband sich in Caesars Wesen adliges Standesbewusstsein mit Leutseligkeit: Einen seiner liebsten Freigelassenen verurteilte er zum Tode, weil er die Gattin eines Ritters verführt (und damit die gesellschaftlichen Schranken verletzt) hatte; andererseits legte er seinen Bäcker in Fesseln, als dieser seinen Gästen schlechteres Brot reichte als ihm selbst.*

* Es war eine verbreitete Unsitte in Rom, dass Gäste je nach ihrem Stand unterschiedlich bewirtet wurden.

Vor allem vergötterten ihn jedoch die Soldaten; voll Bewunderung überliefert die Antike zahlreiche Beispiele ihrer Tapferkeit. Natürlich spielte dabei auch Caesars Freigebigkeit eine wichtige Rolle; aber sie allein kann das Phänomen nicht erklären. Vielmehr wirkte hier das Beispiel des Feldherrn selbst: Wie auch andere große Heerführer – Alexander und Hannibal, Friedrich d. Gr. und Napoleon – gewann er die Zuneigung der Truppen, indem er Not und Gefahr mit ihnen teilte. Nach Niederlagen vermochte er sie mit großem psychologischen Geschick wieder aufzurichten; eine gefährliche Meuterei brach vor seiner dominierenden Persönlichkeit nahezu beim ersten Wort zusammen.

Auch bei seinen Gegnern zeigte er sich von nobler Wesensart: Als ihn T. Labienus – in Gallien sein wichtigster Legat – im Bürgerkrieg verließ, um auf die Seite des Pompeius zu treten, sandte er ihm Gepäck und Vermögen nach; die gestürzten Statuen seines Rivalen – dessen Tod

> Die fast übermenschliche Leidensfähigkeit seiner Soldaten rief gleichermaßen Bewunderung wie Schrecken hervor:
> «Wenn seine Soldaten gefangen waren und ihnen das Leben unter der Bedingung geschenkt werden sollte, künftig gegen Caesar zu kämpfen, wiesen das die meisten zurück. Hunger und andere Not ... ertrugen sie mit solcher Geduld, dass sie während der Kämpfe um Dyrrhachium Brot aus Kräutern formten, um ihr Leben zu fristen. Als Pompeius das sah, rief er aus, er führe Krieg gegen wilde Tiere; er ließ es sogleich wegbringen und niemandem zeigen, damit nicht seine Soldaten durch die Leidensfähigkeit und Hartnäckigkeit der Feinde entmutigt würden.»
> (Sueton, Caes. 68,2)

er beweint hatte – ließ er wieder aufrichten. In persönlichen Feindschaften erwies er sich ebenfalls als versöhnlich und zur Verzeihung bereit, wie etwa der Dichter Catull trotz seiner heftigen literarischen Angriffe erfuhr.

Nochmals sei in diesem Zusammenhang an die *clementia Caesaris* erinnert. Sie scheint seinem grundlegenden Charakter zu entsprechen: Denn bereits in jungen Jahren ließ er die Piraten zwar – wie angedroht – kreuzigen, zuvor aber erwürgen, um ihnen unnötige Qualen zu ersparen; auch besiegte Gladiatoren pflegte er zu begnadigen. Sein Verhalten in Gallien lässt freilich wenig von der viel gerühmten Milde gegen die Feinde erkennen – etwa die Vernichtung des Stammes der Veneter und die Niedermetzelung der Usipeter und Tencterer. Immerhin erhoffte auch Vercingetorix seine Begnadigung aufgrund der früheren freundschaftlichen Verbindung zu Caesar (Dio 40,41,1). Ferner wird man hier berücksichtigen müssen, dass in römischen Augen Mitbürger und «Barbaren» keineswegs gleichzusetzen waren, ihre unterschiedliche Behandlung demnach durchaus antikem Denken entsprach.

> Caesar bekennt sich in einem Schreiben an Cicero selbst zu seiner *clementia*:
> «Du vermutest zu Recht – Du kennst mich ja gut! – dass mir nichts ferner liegt als Grausamkeit ... Dabei stört mich auch nicht, dass die von mir Begnadigten angeblich wieder gegen mich kämpfen wollen. Denn mein größter Wunsch ist, dass ich mir treu bleibe und sie sich selbst.»
> (Cicero, Att. 9,19,2)

Caesar und die Frauen

In hohem Maße wirkte die Ausstrahlung Caesars auch auf Frauen; seine zahlreichen Affären bereits in jungen Jahren zeigen, dass es sich dabei nicht um die viel zitierte erotische Ausstrahlung der Macht handelte. Eine leidenschaftliche Beziehung verband den jungen Demagogen mit Servilia, der Mutter des Brutus (eine Vaterschaft Caesars wird ungeachtet aller romantischer Legenden durch die Chronologie widerlegt). Dass er auch in reiferen Jahren dem schönen Geschlecht ergeben blieb, zeigen die Spottgesänge der Soldaten bei seinem Triumph (s. S. 74).

Dreimal war er verheiratet; wie in der römischen Aristokratie üblich, handelte es sich dabei um die Besiegelung politischer Bündnisse. So sollte ihn die Eheschließung mit Cinnas Tochter Cornelia enger mit einer der führenden popularen Familien verbinden. Dass Caesar nach dem Sieg Sullas eine Scheidung ablehnte und lieber Ächtung

Abb. 69
Kleopatra. An dieser Büste weisen die Züge der letzten Ptolemäerin deutlich auf ihre griechisch-makedonische Herkunft hin (Staatliche Museen Berlin, Antikensammlung).

und Lebensgefahr auf sich nahm, zeigt ebenso wie die unübliche öffentliche *laudatio funebris* nach ihrem frühen Tod, dass der Ehebund wohl nicht nur politisch begründet war oder sich zumindest später zu einer tatsächlichen Liebesbeziehung entwickelte. Die zweite Heirat mit Pompeia, einer entfernten Verwandten des Cn. Pompeius, endete wegen des Bona-Dea-Skandals mit der Scheidung; wie die dritte Ehe mit Calpurnia, die das Triumvirat festigen sollte, dürfte es sich um eine reine Zweckverbindung gehandelt haben.

Zur Legende wurde Caesars Beziehung zu der jungen Königin Kleopatra (Abb. 69), in der sich wohl Leidenschaft und politische Motive verbanden: Der Römer gewann die Unterstützung des reichen Landes, seine Geliebte dessen Krone. Die Schönheit der – nach neuesten Erkenntnissen blonden – Ptolemäerin war keineswegs einzigartig; Bildung und Charme ließen sie jedoch höchst reizvoll erscheinen. In Caesars letzten Monaten weilte sie in Rom und wohnte in seiner Villa (etwa bei der heutigen Farnesina); ihr Standbild wurde neben der Statue des Dictators im Tempel der Venus Genetrix aufgestellt.

Umstritten bleibt, ob es sich bei Kleopatras Sohn Caesarion tatsächlich um den Spross Caesars handelte; bereits in der Antike war seine Vaterschaft umstritten. Denkbar ist durchaus, dass ihn M. Antonius später lediglich als Leibeserben des Dictators ausgab, um ihn als propagandistisch wirksame Waffe gegen den nur adoptierten Sohn zu nutzen; seine Beseitigung durch den Sieger von Actium zeigt deutlich, dass Octavian diese Gefahr klar erkannte.

Ob der «Mann aller Frauen und die Frau aller Männer» (Suet. Caes. 52,3) auch homosexuelle Beziehungen pflegte, ist ebenso ungewiss: Nach einem Gerücht, das seine politischen Gegner in ihren Reden immer wieder verbreiteten und auch die Soldaten in den Liedern beim Triumph weiter trugen, hatte er in seiner Jugend eine Affäre mit Nikomedes von Bithynien; während er sonst spöttische Angriffe willig ertrug, zeigte er sich von dieser Anschuldigung verletzt.

Der Redner

Seit nahezu zwei Jahrtausenden gelten Ciceros Meisterreden als Höhepunkt römischer Beredsamkeit; zu Lebzeiten aber besaß er zumindest zwei ebenbürtige Rivalen: Hortensius, seinen Prozessgegner im Verfahren gegen den räuberischen Statthalter Verres – und Caesar. Die wenigen erhaltenen Fragmente (s. S. 17) lassen noch heute seine rhetorische Kraft spüren, die auch das Urteil von Zeitgenossen und Nachwelt bestätigt: Gerühmt werden sprachliche Reinheit und Eleganz ebenso wie die Beherrschung der rhetorischen Mittel und die hervorragende literarische Bildung. Sein Vortragsstil fand gleichfalls Lob – die klar verständliche Stimme, die temperamentvolle, zugleich aber anmutige Gestik, der Adel seines Auftretens. Doch vor allem erregte Bewunderung, dass er – in erster Linie Politiker und Militär – auch den Rednern gleichkam, die sich einzig auf die rhetorische Tätigkeit beschränkten.

Der Neuerer

«*Epistulae quoque eius ad senatum extant, quas primum videtur ad paginas et formam memorialis libelli convertisse*» (Suet. Caes. 56,6) – bis in die heutige Zeit weist die antike Notiz, Caesar habe – wohl als Erster – seine Tätigkeitsberichte an den Senat in paginierter Form gesandt; damit kann er als Erfinder des gehefteten Buches (anstelle der im Altertum üblichen Buchrolle) gelten – und damit auch als Vorläufer dieses Opusculum.

Die Presse kann sich gleichfalls auf ihn zurückführen: Als erste Amtshandlung befahl er in seinem Konsulat, alle Verhandlungen in Senat und Volksversammlung schriftlich festzuhalten und zu veröffentlichen; die *acta diurna* («Staatliches Tageblatt») können als Urahnen unserer Tageszeitungen und Nachrichtensendungen gelten.

CAESAR

DAS LITERARISCHE WERK

«Es ist allgemeine Auffassung, dass andere Autoren bei aller Mühe nichts verfasst haben, das nicht von der stilistischen Eleganz dieser ‹*Commentarii*› übertroffen würde.»
(Hirtius, Caes. Gall. 8,1,4)

Abb. 70
Erste deutsche Caesarausgabe. In Straßburg erschien 1507 die Übersetzung der «commentarii» von M. Ringmann; die Vorsatzblätter fassen jeweils die Ereignisse eines Buches zusammen; hier: 5. Buch (Berlin, Staatsbibliothek Unter den Linden).

Heute erscheint es uns als selbstverständlich, dass sich selbst kurzlebige «Helden» des Sports und der Unterhaltungsindustrie bereits in jungen Jahren in einer Autobiographie verewigen (lassen). Aus der Antike sind dagegen nur wenige selbstbiographische Werke bedeutender Persönlichkeiten überliefert. Derartige Schriften wurden zwar in nicht geringer Zahl veröffentlicht – die «Hypomnemata» (Erinnerungen) hellenistischer Könige und Feldherren ebenso wie die Memoiren römischer Politiker – Sulla und Cicero, Augustus und Hadrian; doch sind die meisten verschollen.

Umso bedeutender ist das literarische Werk Caesars einzuschätzen; seine *Commentarii* blieben als einzige ausführliche autobiographische Schriften des klassischen Altertums erhalten.* Sie bilden den Kern seines schriftstellerischen Schaffens, dessen Umfang und Vielfalt für eine der großen handelnden Gestalten seiner Zeit überraschen mag.

* Die «Res gestae» (Tatenbericht) des Augustus sind zweifellos unschätzbar als Quelle seiner politischen Selbstdarstellung, aber allein vom Umfang her nicht vergleichbar.

Dichtungen und kleinere Schriften

Von geringer Bedeutung waren die in der adligen Jugend Roms üblichen poetischen «Gehversuche» (*Laudes Herculis*; die Tragödie «Oedipus»; eine Zitatensammlung), deren Veröffentlichung Augustus später verbot. Das Reisegedicht *Iter*, auf einer Fahrt von nur 24 Tagen von Rom nach Spanien verfasst, zeigt bereits die spielerische Schnelligkeit, die Caesar auch als Schriftsteller auszeichnete.

In ähnlicher Eile entstand während einer Alpenüberquerung *De analogia* über den richtigen Gebrauch der lateinischen Sprache; einige Fragmente dieses Werkes sind bei späteren Autoren überliefert. Hier hat Caesar die stilistischen Grundsätze dargelegt, denen er selbst als Redner wie in seinen historischen Schriften folgte: Klarheit und Schlichtheit.

Als literarische Erwiderung auf Ciceros Lobpreis für seinen alten Gegner Cato entstand der *Anticato*. Die gehässige Kritik an dem großen Moralisten und Verteidiger der Republik zeigt, dass Caesar klar erkannt hatte: Im Tod war dieser ein größerer Gegner als zu Lebzeiten! Und tatsächlich ist Cato zur Symbolgestalt republikanischen Denkens für die senatorische Opposition der Kaiserzeit geworden, den Göttern gleichgestellt:

... Quis iustius induit arma
scire nefas. Magno se iudice quisque tuetur:
Victrix causa deis placuit, sed victa Catoni.

«Wer (Caesar oder Pompeius) mit größerem Recht zu den Waffen griff, dürfen wir nach göttlichem Willen nicht wissen. Beide standen unter hohem Schutz: Die siegreiche Sache gefiel den Göttern, die besiegte aber dem Cato.»

(Lucan 1,126–28)

Historische Schriften

Abb. 71
Caesar diktiert die «Commentarii» (Sammlung Gerald Nadebor).

Seine Feldzüge beschrieb Caesar in den *Commentarii*, der traditionellen Form für private Notizen römischer Amtsträger. Während diese aber gewöhnlich ohne jeden höheren Anspruch verfasst waren, bloßes Rohmaterial für die künftige Geschichtsschreibung, scheint er von vornherein weitergehende literarische Ziele verfolgt zu haben. Sehr bald zeigte sich auch, dass seine nüchterne und klare Darstellung des Geschehens allgemein solchen Anklang fand, «dass es schien, er habe den Historikern eine Gelegenheit (zur Darstellung seiner Taten) genommen, nicht geboten» (so das Urteil seines Legaten A. Hirtius, Caes. Gall. 8,1,5; ähnlich Cic. Brut. 75,262); tatsächlich sind die späteren antiken Beschreibungen der Eroberung Galliens «nothing but Caesar and smoke» (J. H. Collins).

In *De bello Gallico* schildert er in acht Büchern die Eroberung des Landes; diese Einteilung entspricht den Kriegsjahren, zwischen denen die übliche Unterbrechung der militärischen Operationen im Winter eine natürliche Zäsur setzte. Ob Caesar seinen Bericht auch in einzelnen Abschnitten verfasste und veröffentlichte oder erst nach einer Endredaktion als Gesamtwerk, bleibt umstritten. In jedem Fall wird man Vorarbeiten annehmen dürfen, für die sich der Winter anbot.

Ebenso besteht bis heute Unklarheit, inwieweit die propagandistischen Ziele den historischen Wert des «Gallischen Krieges» überlagern. Kritik an der Glaubwürdigkeit äußerte bereits der Zeitgenosse Asinius Pollio: Caesar habe unkritisch Berichte seiner Legaten übernommen, zudem eigene Taten – absichtlich oder aufgrund von Erinnerungslücken – unrichtig dargestellt und daher selbst eine Überarbeitung geplant. Die moderne Kritik erreicht ihren Höhepunkt mit M. Rambaud, dessen Kernaussage bereits im Titel seines Hauptwerkes aufscheint (L'art de la déformation historique dans les Commentaires de César, Paris 1952).

Allerdings waren der Verfälschung der tatsächlichen Begebenheiten enge Grenzen gesetzt: Zu viele Zeitgenossen hätten sie bemerkt; zudem waren – im Gesamtergebnis des Krieges – grandiose Erfolge zu schildern; Niederlagen (etwa vor Gergovia) werden nicht verschwiegen. Die vielfach gerügte Darstellung aller militärischen Maßnahmen als defensiv diente nicht nur der Rechtfertigung Caesars, sondern entsprach römischer Tradition (und wurde noch Livius zum Vorwurf gemacht). Dem Herkommen folgte auch die Zuschreibung von Erfolgen der Untergebenen an den Oberfeldherrn, unter dessen Auspizien sie erfochten waren.* Einzelne «Korrekturen der Wahrheit» wird man freilich annehmen dürfen; durchaus glaubhaft erscheint etwa der Bericht des Cassius Dio, die römischen Offiziere hätten den Krieg gegen Ariovist wegen politischer und juristischer Bedenken abgelehnt – nicht, wie Caesar berichtet, aus Furcht vor den Germanen. Ebenso sind sicher gelegentlich in allgemein-menschlicher Neigung Misserfolge beschönigt und heruntergespielt worden.

* Daher durfte in der Kaiserzeit nur noch der Herrscher als formeller Oberbefehlshaber einen Triumph feiern.

In den drei Büchern des unvollendeten *Bellum civile* schildert Caesar den Bürgerkrieg bis zum Ausbruch der Kämpfe in Alexandria; auch hier sind Entstehungszeit und Glaubwürdigkeit strittig. Der Rechtfertigungscharakter der Schrift – gerade in den Passagen über den Ausbruch des Krieges – ist hier sicher deutlicher ausgeprägt, da der Autor (und Politiker) das Odium des Rechtsbruchs abwehren musste. Seinen Bericht führt das *Corpus Caesarianum* bis zur Schlacht bei Munda fort; das *Bellum Alexandrinum* wurde vielleicht von A. Hirtius verfasst, *Bellum Africum* und *Bellum Hispaniense* wohl von unbekannten, sprachlich wenig geschulten Militärs.

Literarisches Vorbild für Caesars historische Schriften war vor allem die *Anabasis*, in der Xenophon seine Taten beim Rückmarsch der griechischen Söldner aus Mesopotamien geschildert hatte (4. Jh. v. Chr.); gleich diesem tritt er durch die Verwendung der 3. Person als handelnde Ge-

Abb. 72
Barocke Buchkunst. Seine Prachtausgabe der Werke Caesars (1712) widmete Samuel Clarke dem Herzog von Marlborough, dem führenden britischen Feldherrn seiner Zeit (Oldenburg, Landesbibliothek).

stalt zurück (sein Bewunderer Friedrich d. Gr. sollte ihm darin in seiner Schilderung der Schlesischen Kriege folgen). Der sachlichen Nüchternheit der Darstellung dient auch die Dominanz der indirekten Rede – noch heute ein Alptraum der Lateinschüler! Und doch gelingt es Caesar, an geeigneter Stelle Spannung zu erzeugen – etwa wenn er seinen Bericht vom Kampf gegen die Britannier unterbricht, um deren Streitwagentaktik zu beschreiben. Durch die zurückhaltende sprachliche Form vermeidet er jegliches Eigenlob – sehr im Unterschied zu Cicero und dessen immerwährendem Lobpreis der eigenen Verdienste. Hier zeigt sich wohl der Unterschied zwischen dem altadligen Patrizier und einem Emporkömmling, der sich seine Stellung unter den Senatoren mühsam erkämpft hatte und stets unsicher und profilierungssüchtig blieb.

Die stilistische Klarheit und Einfachheit – ein Postulat von *De analogia* – wurde bereits von den Zeitgenossen gerühmt: *«nudi enim sunt, recti et venusti»* («sie sind einfach, gradlinig und anmutig»; Cic. Brut. 75,262); erstaunlich schien seiner Umgebung zudem die Leichtigkeit und Schnelligkeit, mit der Caesar seine Werke verfasste. Einige seiner Briefe, die in Ciceros Sammlung erhalten blieben, zeigen denselben Stil; in seiner «cristallina semplicità» (E. Paratore) erscheint dieser als Ausdruck des caesarischen Wesens. Auch darin liegt – neben ihrem geschichtlichen Rang – die einzigartige Bedeutung seiner Schriften: Kein führender Staatsmann oder Militär hat jemals vergleichbare literarische Wertschätzung erfahren.

Der Nachwelt war die sprachliche Qualität der *Commentarii* freilich zunächst weniger bewusst; bedeutsamer erschien ihr historischer Wert. Im Mittelalter wenig gelesen, dienten sie seit der Renaissance (Abb. 70) als Lehrbuch für die militärische Erziehung, etwa der künftigen Herrscher; Karl der Kühne ließ sie sich für den persönlichen Gebrauch in das Französische übersetzen. Maximilian I. las sie ebenso wie sein Enkel Karl V.; zahlreiche Randbemerkungen zeigen deutlich das Interesse des Habsburgers, der das Werk als eines von wenigen weltlichen Büchern auf seinen Alterssitz in San Yuste mitführte. Cortez' Feldzugsberichte aus Mexiko folgten Caesars Vorbild; selbst Süleiman der Prächtige gab eine Übersetzung in Auftrag. Vor allem Militärs studierten die caesarischen Schriften als Vorbild der Kriegskunst und ließen sich huldvoll reiche Prachtausgaben widmen (wie der Herzog von Marlborough Samuel Clarkes Edition mit zahlreichen herrlichen Kupferstichen; Abb. 28. 38. 72).

Aber auch ihre sprachliche Reinheit wurde wiederentdeckt: Melanchthon regte den Gebrauch der *«commentarii»* in der Schule an, Montaigne und Voltaire rühmten ihren Stil. Militärisches Interesse und Bewunderung für die caesarische Sprache verbanden sich in den «Précis des guerres de César», in denen Napoleon die Feldzüge des Römers seiner scharfen fachlichen Kritik unterwarf. Die Kriege des Korsen, ebenso wie zuvor die Feldzüge Friedrichs d. Gr., der seine Zeitgenossen als Feldherr, Staatsmann und Schriftsteller an Caesar erinnerte, regten militärwissenschaftliche Forschungen zu den Schriften des römischen Heerführers an.

Dem soldatisch geprägten Geist Preußens im 19. Jh. erschienen seine Werke durch ihren kriegerischen Charakter ebenso wie wegen der sprachlichen Klarheit als die geeignetste Schullektüre. Ungeachtet der allgemeinen Abkehr von Heldenverehrung und militärisch orientierter Geschichtsbetrachtung – die Funktion als erster Originaltext im gymnasialen Lateinunterricht hat das «Bellum Gallicum» bewahrt, und sein Beginn bleibt im Gedächtnis unzähliger Schüler lebenslang unauslöschlich verankert: *«Gallia est omnis divisa in partes tres . . .»* («Gallien in seiner Gesamtheit ist in drei Teile gegliedert . . .»).

CAESAR

DIE ERBEN CAESARS

Altera iam teritur bellis civilibus aetas
suis et ipsa Roma viribus ruit.

«Bereits die zweite Generation reibt
sich auf in Bürgerkriegen;
durch seine eigene Kraft geht Rom
zugrunde.»

(Horaz, ep. 16,1 f.)

Abb. 73
Augustus. Der siegreiche Erbe Caesars erscheint auf dem silbernen Cistophor von Ephesos (Privatbesitz).

Caesar war tot – und die Verschwörer warteten vergeblich auf den Jubel des durch ihre mörderische Tat «befreiten» Volkes. Gefangen in ihren republikanischen Idealen, hatten sie die allgemeine Stimmung vollkommen falsch eingeschätzt. Zudem hatten sie kein Konzept zur Übernahme der Macht, geschweige denn zur Erneuerung der Republik; hier bewahrheitete sich das Wort Ciceros, ihre Tat sei mit dem Mut von Männern, aber mit dem Verstand eines Kindes verübt worden.

Entscheidende Bedeutung kam in dieser kritischen Situation dem verbliebenen Konsul M. Antonius zu; in kluger Zurückhaltung schloss er mit den Caesarmördern zunächst einen Kompromiss: Sie erlangten Amnestie, dafür blieben die Maßnahmen des Dictators in Kraft. Nach den tumultuarischen Vorgängen bei dessen Leichenfeier verließen die Verschwörer jedoch wegen der allgemeinen Erbitterung die Stadt.

Antonius war zu diesem Zeitpunkt der unumstrittene Führer der caesarischen Partei; bereitwillig hatte ihm die Witwe des Ermordeten dessen Vermögen übertragen. Da rief die Eröffnung von Caesars Testament allgemeine Überraschung hervor: Es vermachte die Gärten des Toten dem Volk, gab zudem jedem Bürger ein Geschenk von 300 Sesterzen – und es verkündete die testamentarische Adoption seines Großneffen C. Octavius. Ob dabei lediglich eine vermögensrechtliche Verfügung getroffen war oder eine Regelung der politischen Nachfolge – durch die Übernahme des ungeheuren Vermögens, der Klientel in Heer und Volk, vor allem aber des prestigeträchtigen und zugleich hassbeladenen Namens «Caesar» musste dieser Rechtsakt auch eine folgenschwere politische Wirkung hervorbringen.

Octavian

Der neunzehnjährige Octavian* (Abb. 73) erfuhr bei der Landung in Brundisium von seiner Adoption; gegen den Rat der Familie nahm er das Erbe an. Diese Entscheidung bedeutete ein hohes Risiko – aber sie führte ihn nach langen Kämpfen zur Alleinherrschaft.

Zunächst erschien der unerfahrene Jüngling lediglich als Spielball der Mächtigen; M. Antonius unterschätzte ihn, Cicero wollte ihn als Werkzeug für die eigenen Ziele benutzen. Aber Octavian erwies sich schon bald als diplomatisches Genie: Er bestritt die Legate Caesars (aus eigenen Mitteln, da Antonius die Herausgabe von dessen Vermögen verweigerte) und erschien so als sein eigentlicher Erbe; durch die Parole «Rache für Caesar» erfüllte er zudem die Pflicht der *pietas* gegenüber dem Ermordeten – anders als der «Kompromissler» Antonius. Mit einem eigenen kleinen Heer stellte er sich auf die Seite des Senates gegen M. Antonius; in den Kämpfen um Mutina (Modena; daher «Mutinensischer Krieg») wurde dieser geschlagen und zum Rückzug aus Italien gezwungen. Den Tod beider Konsuln in der Schlacht nutzte Octavian zum Staatsstreich; er zog nach Rom und erzwang seine Wahl zum Konsul und die Aufhebung der Amnestie für die Mörder Caesars (43 v. Chr.).

* Er selbst hat diese Bezeichnung nie geführt, sondern nach römischer Sitte den Namen des Adoptivvaters; doch wird sie heute zur leichteren Unterscheidung von diesem und von seinen eigenen späteren Lebensjahren als «Augustus» verwendet.

Abb. 74
EID MAR. Auf der Münze der Caesarmörder (43/42 v. Chr.) erscheint neben Datum und Werkzeugen ihrer Tat die traditionelle Filzkappe der freigelassenen Sklaven («pileus») als Sinnbild der wiedererrungenen Freiheit (Sammlung W. Niggeler).

Das 2. Triumvirat

In einem plötzlichen Seitenwechsel verbündete er sich noch im selben Jahr mit Antonius und Lepidus im 2. Triumvirat, dem ein Gesetz dictatorische Vollmachten übertrug; die *tresviri rei publicae constituendae** gingen mit äußerster Härte gegen ihre Feinde vor: 300 Senatoren und 2000 Ritter fielen ihren Proskriptionen zum Opfer, unter ihnen Cicero, dessen flammende «Philippische Reden» den Hass des Antonius geweckt hatten.** Die Zeit der *clementia Caesaris* war endgültig vorüber; dessen Prophezeiung, auf seinen Tod würden schlimmere Bürgerkriege folgen (Suet. Caes. 86,2), hatte sich erfüllt.

Im folgenden Jahr besiegten Antonius und Octavian die Caesarmörder (Abb. 74) in einer Doppelschlacht bei Philippi; Cassius – angeblich mit dem Dolch, den er einst gegen den Dictator erhoben hatte –, später auch Brutus gaben sich selbst den Tod. Das Ende der Republik war besiegelt – welcher der beiden Caesarerben aber würde die Herrschaft erringen?

Auch nach der Schlacht blieb zunächst M. Antonius die führende Persönlichkeit im Triumvirat; er war der eigentliche Sieger, seine militärischen Fähigkeiten und persönliche Tapferkeit (beide Eigenschaften fehlten seinem Rivalen zeitlebens) ließen ihn eher als geeigneten Nachfolger erscheinen. Während Octavian danach die undankbare Aufgabe zufiel, in Italien die Veteranen des Bürgerkrieges anzusiedeln (und sich dabei den Hass der zahlreichen Enteigneten zuzuziehen), übernahm Antonius die Neuordnung des römischen Ostens; sie führte ihn in die – persönlich wie politisch – schicksalhafte Verbindung mit der Königin Ägyptens, Caesars ehemaliger Geliebter Kleopatra.

* Drei Männer zur Neuordnung des Staates; anders als bei dem privaten Bündnis im 1. Triumvirat handelte es sich dabei um ein außerordentliches Staatsamt.

** Ihren Namen verdankten sie dem literarischen Vorbild, den Reden des Demosthenes gegen Philipp II. von Makedonien.

Entscheidung bei Actium

Bereits im folgenden Jahr erhoben sich seine Anhänger in Italien gegen Octavian, wurden aber besiegt und in Perusia (Perugia; daher «Perusinischer Krieg») zur Übergabe gezwungen. Als M. Antonius mit seinem Heer in Brundisium landete, schien die Entscheidung zwischen den Erben Caesars unmittelbar bevorzustehen. Doch die Soldaten auf beiden Seiten – bei Philippi noch Kameraden – erzwangen nochmals den Frieden. Das Reich wurde geteilt: Antonius erhielt den Osten, sein Rivale den Westen, der unbedeutende Lepidus Afrika (40 v. Chr.); er wurde bald darauf von Octavian kampflos ausgeschaltet.

Zunehmend verschlechterten sich in den folgenden Jahren die Beziehungen zwischen beiden Machthabern: In einem einzigartigen Propagandafeldzug wurde Antonius als willenloser «Sklave Kleopatras» verhöhnt, der römisches Land verschleudert und sich heimischem Wesen entfremdet habe; die Königin selbst wurde zu einem *fatale monstrum* entstellt. Demgegenüber erschien der «Sohn

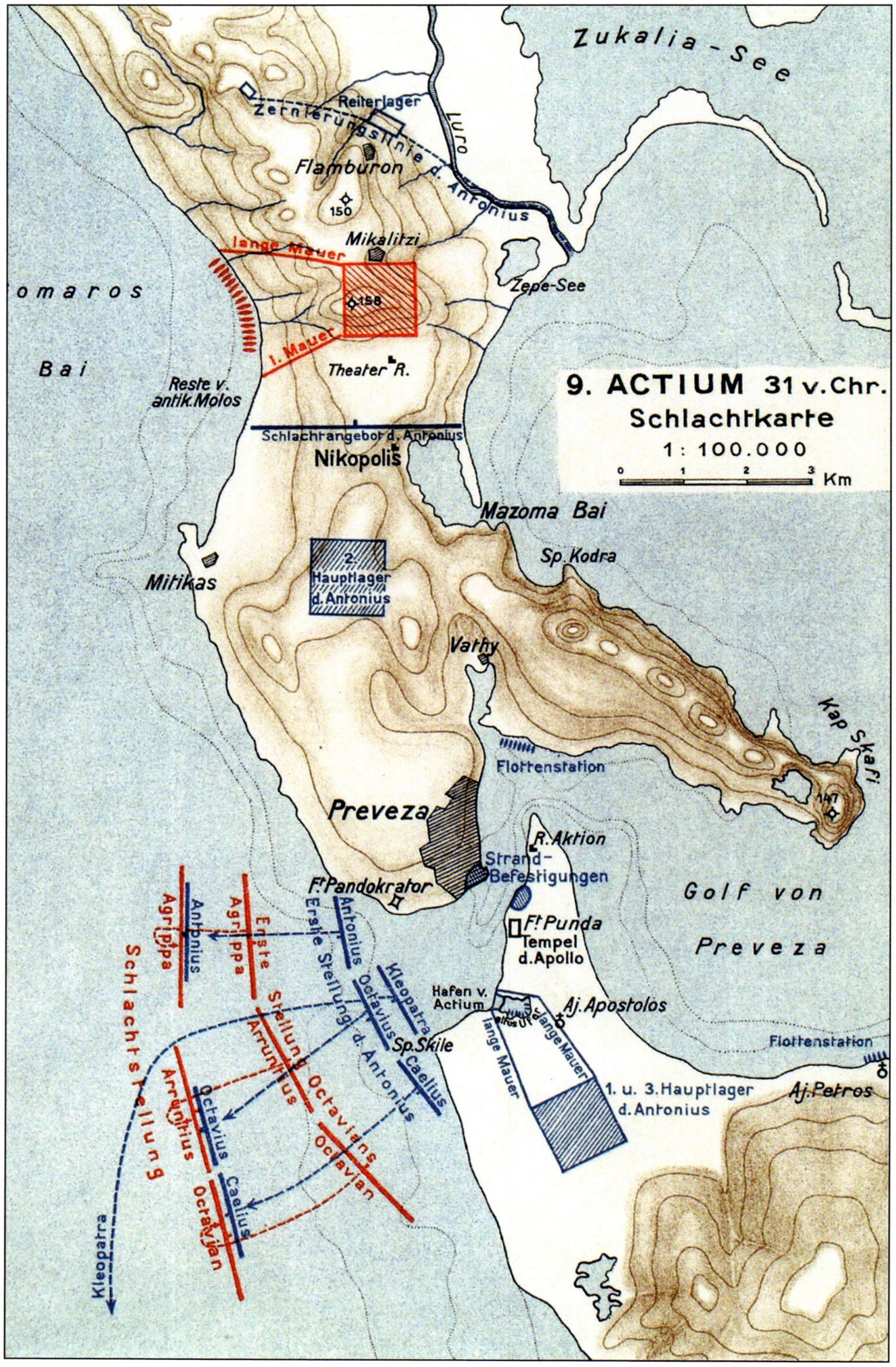

Abb. 75
Schlacht bei Actium (Kromayer-Veith). An der Küste Griechenlands entschied sich das Schicksal des Reiches; nicht das hellenistisch-orientalische Gottkönigtum eines M. Antonius prägte fortan sein Antlitz, sondern der nüchterne Römersinn des Augustus.

Caesars» als Wahrer althergebrachter Tugenden und Traditionen.

Schließlich brach der Krieg offen aus, freilich nicht als Bürgerkrieg propagiert, sondern als auswärtiger Waffengang mit der Königin Ägyptens. Erneut fiel die Entscheidung in Griechenland; zur See bei Actium geschlagen (Abb. 75), flohen Kleopatra und ihr Geliebter nach Alexandria (31 v. Chr.). Mit dem Selbstmord des Antonius und dem Einzug des siegreichen Octavian in der Hauptstadt des Ptolemäerreiches war der Machtkampf der Caesarerben beendet; auch Kleopatra wählte den Freitod (Abb. 76). Caesarion musste ebenfalls sterben; gleichgültig ob er tatsächlich der Sohn des Dictators war – es durfte nur einen Erben Caesars geben!

Abb. 76
Tod Kleopatras. Ob durch den Biss einer Schlange oder Gift in einer hohlen Haarnadel – die Königin entzog sich der Schmach, im Triumph des Siegers vorgeführt zu werden (Sammlung Helmut Saiger).

Das Prinzipat

Der dreitägige Triumph des Siegers beschloss das «Jahrhundert der Bürgerkriege» (133–30 v. Chr.), das an die Stelle der althergebrachten Adelsrepublik eine Militärmonarchie gesetzt hatte. Mit großem politischen und diplomatischen Geschick hatte Octavian seine Herrschaft begründet, für die seine Adoption durch Caesar die Voraussetzungen geschaffen hatte. Mit der Forderung nach Rache für den «Vater» hatte die politische Laufbahn des Augustus begonnen – während seiner jahrzehntelangen Herrschaft spielte dieser dagegen eine untergeordnete Rolle. In der offiziellen Propaganda wurde seine Verwandlung in einen Stern verherrlicht, an der Stelle seiner Verbrennung der Tempel des *divus Iulius* errichtet; aber er trat deutlich hinter dem neuen Herrn Roms zurück – vielleicht in kluger Rücksichtnahme auf noch vorhandene republikanische Empfindungen.

Augustus hatte aus dem Schicksal Caesars seine Lehren gezogen: Diesem war seine *clementia* zum Verhängnis geworden – ermordet wurde er von einstigen Gegnern, denen er das Leben geschenkt hatte! Daher kannte der junge Octavian in den Jahren des Aufstiegs keine Gnade für die besiegten Feinde; hätte er nicht über vierzig Jahre lang die Herrschaft ausgeübt (erst in späteren Jahren als milder und gütiger *pater patriae*) – wir würden in ihm einen der blutgierigsten Machthaber der römischen Geschichte sehen!

Zugleich warnten ihn die Iden des März eindringlich, für seine Machtstellung eine monarchische Form zu erstreben. Die Alleinregierung war unumgänglich, aber sie durfte sich nicht offen zeigen.

Daher verkündet sein Tatenbericht:
«Seit dieser Zeit übertraf ich alle an persönlicher Autorität, an Amtsgewalt aber besaß ich um nichts mehr als die Übrigen, die auch ich im Amt als Kollegen hatte.»
(Monumentum Ancyranum 34)

So schuf das politische Genie des Augustus die Staatsform des Prinzipates, in der sich monarchische Macht mit republikanischen Formen verband und die dem Imperium Romanum durch Jahrhunderte Stabilität und Wohlstand bescherte.

CAESAR

RUHM DURCH JAHRTAUSENDE

«Er (Caesar) besaß Geist, Vernunft, ein gutes Gedächtnis, Bildung, Menschlichkeit, Phantasie und Umsicht; seine militärischen Erfolge waren zwar für den Staat verderblich, aber dennoch bedeutend; viele Jahre lang erstrebte er die monarchische Stellung, mit großen Mühen, unter großen Gefahren erlangte er sein Ziel; mit Spielen, baulichen Stiftungen, Schenkungen an Geld und Naturalien und öffentlichen Bewirtungen hatte er das unwissende Volk für sich gewonnen; seine Parteigänger hatte er sich durch Belohnungen, die Gegner durch den Anschein von Milde verpflichtet – kurz gesagt, er hatte bereits teils durch Furcht, teils durch die Macht der Gewohnheit die freien Bürger daran gewöhnt, Sklaven zu sein.»

(Cicero, Phil. 2,116)

Abb. 77
Peter Paul Rubens: Caesar (1619). Von der Antike bis in unsere Zeit – immer wieder hat die Persönlichkeit Caesars Schriftsteller und Künstler fasziniert (Berlin, Jagdschloss Grunewald).

Kritiklose Verehrung und abgrundtiefer Hass – das Bild Caesars schwankt durch mehr als zwei Jahrtausende. Freilich ist auch unter seinen schärfsten Gegnern unumstritten, dass er zu den größten und vielseitigsten Genies der Geschichte, zugleich zu ihren prägenden Gestalten zählt. Während ihn «monarchisch gesinnte» Betrachter ohne Bruch sehen können, stehen seit jeher die «republikanisch Denkenden» vor dem Dilemma, zwischen der Bewunderung der Persönlichkeit und der Ablehnung ihrer politischen Ziele gewichten zu müssen – diesem Problem sah sich bereits der Zeitgenosse Cicero konfrontiert (s. o.).

Caesars Beurteilung in der Antike

So nützlich der Name (sowie Vermögen und Klientel) Caesars für den Aufstieg des jungen Octavian gewesen waren, so sehr tritt er danach hinter seinem Nachfolger zurück; in den großen dichterischen Werken der augusteischen Epoche findet er nur selten Erwähnung. Und der republikanisch gesinnte Historiker Livius konnte damals gar die Frage aufwerfen, ob es nicht für Rom besser gewesen wäre, Caesar hätte nie das Licht der Welt erblickt. Dagegen sah Traian in ihm ein Vorbild als Feldherr und Eroberer und knüpfte in seinen Restitutionsmünzen an den großen Vorgänger an.

Das Dilemma Ciceros spiegelt sich im literarischen Schaffen der frühen Kaiserzeit: Blickte der ältere Plinius mit Bewunderung auf seine geistigen Fähigkeiten, vor allem aber auf seine unvergleichliche, mit dem eigenen Tod besiegelte *clementia*, war er für Lucan geradezu ein Monstrum an Ehrgeiz und Blutgier; auf die hasserfüllte Schilderung in seiner *Pharsalia* (und auf das Urteil Ciceros) stützte sich jahrhundertelang das moralische Verdikt gegen Caesar. Sachlich dagegen – bei aller Kritik an der Zerstörung der Republik – sind die beiden umfangreichen Biographien des Moralisten Plutarch und des Anekdotensammlers Sueton. Auf diesen viel gelesenen historischen und poetischen Darstellungen beruhte das Caesarbild des Altertums; auch der geistreiche Julian Apostata konnte sich in seiner reizvollen Satire über die antiken Herrscher nicht davon lösen. Erst mit den frühchristlichen Autoren, die dem moralischen Urteil Ciceros und Sallusts folgten, vollzog sich ein grundlegender Wandel: Die historischen Gestalten wurden zu bloßen Exempla, Caesars Schicksal ein abschreckendes Beispiel für die Bestrafung des frevelhaften (und unchristlichen) Hochmutes.

Caesar im Mittelalter

Mit dem ungeheuren Kulturbruch der Völkerwanderung verband sich auch eine grundsätzliche Veränderung des Caesarbildes. Während in Byzanz die antike Geschichtstradition und damit das Wissen um seine historische Gestalt in einer breiten Bildungsschicht erhalten blieb, wandelte er sich im Abendland zu einer sagenhaften Erscheinung. Seine einstige überragende Bedeutung lebte freilich im geschichtlichen «Unterbewusstsein» fort; zahl-

Abb. 78
Hans Burgkmair d. Ä. (1473–1531): Die drei guten Haiden. Das Mittelalter verehrte neben den alttestamentlichen und christlicher auch drei heidnische Heldengestalten – Hektor, Alexander und Caesar erscheinen in diesem Holzschnitt des frühen 16. Jhs. (Staatliche Museen Berlin, Kunstbibliothek).

reiche Städte wie Paris und London, Florenz und Sevilla rühmten sich ihrer Gründung durch Caesar; unzählige legendäre Heldentaten wurden ihm – wie auch Alexander d. Gr. – zugeschrieben. Das mittelhochdeutsche Annolied (11. Jh.) schildert, wie er nach dem unvermeidbaren Bruch mit der überkommenen Staatsordnung mit Unterstützung der «deutschen Stämme» die Herrschaft in Rom erkämpfte, und legitimiert damit die mittelalterliche *translatio imperii*. Man zählte ihn zu den Neun Guten Helden (Abb. 78) – wie Hektor und Alexander für das Altertum, Josua, David und Judas Makkabaeus für das Alte Testament sowie Artus, Karl d. Gr. und Gottfried von Bouillon für die Christenheit. Während die Neun Helden in Deutschland auf Stadtbrunnen und Rathäusern (etwa

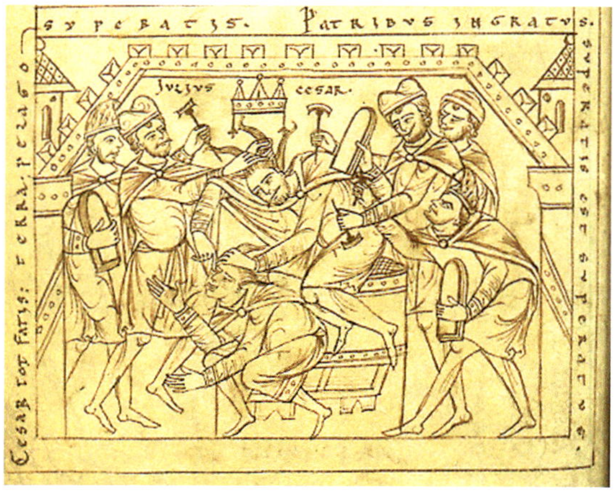

Abb. 79
Ermordung Caesars. In der Weltchronik des Otto von Freising findet sich die älteste erhaltene Darstellung der Ermordung Caesars (12. Jh.); bei den Miniaturen handelt es sich um Kopien nach der Originalhandschrift, die der Historiker seinem Neffen Friedrich Barbarossa zum Geschenk machte (Jena, Universitätsbibliothek).

in Köln und Lüneburg) vom Stolz der Bürger kündeten, fanden sie sich in Frankreich als Sinnbild ritterlicher Tugenden im höfischen Bereich; in vielfältiger Darstellung lebten sie bis in das 17. Jh. fort.

Lediglich die kirchlichen Chronisten – wie etwa Otto von Freising (Abb. 79) – bewahrten ein geschichtliches Andenken an Caesar, das auf den Schriften Suetons, Lucans und des Orosius beruhte; Fürstenspiegel gebildeter Kleriker priesen ihn als Vorbild. Außerordentliche Wirkung erlangten «Li Fet des Romains» (Faits des Romains) aus dem frühen 13. Jh.; die aus den antiken Quellen kompilierte Caesarbiographie war in zahlreichen Handschriften verbreitet und prägte im späten Mittelalter in den romanischen Ländern sein Bild, vor allem auch die Ikonographie in den höfischen Darstellungen seiner Taten. Diese galten einer moralisierenden «Geschichtsbetrachtung» als Exempla für Triumph und Vergänglichkeit von irdischer Größe.

Dagegen war seine Gestalt ohne Bedeutung für die Wiederbelebung der römischen Kaiseridee durch Karolinger und Ottonen; erst der Staufer Friedrich II. berief sich wieder auf seinen Namen und sein Vorbild. Im Bestreben, sein österreichisches Herzogtum durch die Fälschung des *Privilegium maius* (1359) den Kurfürstentümern gleichzustellen, stützte sich Rudolf der Stifter auf eine selbst gefertigte «Urkunde Caesars».

Glühende Verehrung brachte der verbannte Ghibelline Dante Alighieri dem mythischen Begründer des Kaisertums entgegen: In seiner «Göttlichen Komödie» werden die schlimmsten Missetäter in der tiefsten Hölle von den drei Mäulern Luzifers zermalmt: Judas Ischariot, der seinen Erlöser verriet – und die Caesarmörder Brutus und Cassius (Abb. 80).

Abb. 80
Strafe für die Caesarmörder. Schreckerfüllt sieht Dante in der dramatischen Darstellung von Gustave Doré den Fürsten der Hölle, in seinen drei Mäulern die schlimmsten aller Sünder – Judas Ischariot und die Caesarmörder Cassius und Brutus; Inferno, 34. Gesang (Staatliche Museen Berlin, Kunstbibliothek).

PISAN

Abb. 81
Caesarteppich. Aus dem Thronsaal Karls des Kühnen (1467–77) stammen vier Tapisserien mit den Taten Caesars (hier: Einzug in Rom und Ermordung); sie bezeugen das historische Interesse des Burgunderherzogs, der sich täglich aus den «Faits des Romains» vorlesen ließ; diese dienten den Bildteppichen als literarische Vorlage (Bern, Historisches Museum).

Die Wiedergeburt Caesars

Die Renaissance bedeutete auch für Caesar eine «Wiedergeburt»; seine unter Sagen und Legenden des Mittelalters verschüttete Gestalt gewann wieder historische Konturen. Petrarca verfasste eine erste wissenschaftliche Biographie, die sein Bild für Jahrhunderte entscheidend beeinflusste und auch in der häufigeren Verbreitung des Vornamens «Cesare» weiterwirkte. Seine *Commentarii* stießen gleichfalls wieder auf geschichtliches und philologisches Interesse; sie wurden unter antiquarischen, aber auch militärwissenschaftlichen Aspekten erforscht. Der Humanismus sah sich erneut mit dem zwiespältigen Bild Caesars konfrontiert: Die Bewunderung für das Genie paarte sich mit republikanischer Ablehnung seines politischen Handelns.

Den Renaissancefürsten Italiens erschien der Römer als strahlendes Vorbild – nicht nur durch seine Ruhmestaten, sondern auch als skrupelloser Usurpator, dessen Machtergreifung den gewaltsamen Aufstieg zahlreicher Dynastien des Landes zu legitimieren schien; sein Bildnis erschien daher auf ihren Monumenten und Gemäldezyklen, etwa in Mantegnas Darstellungen zum Triumph Caesars (s. Abb. 45) für den Palast der Gonzaga in Mantua (heute in Hampton Court) und den Fresken in der Villa von Poggio a Caiano (bei Florenz), die antike Szenen den Taten der Medici gegenüberstellen. Die Gesamtheit herrscherlicher Tugenden symbolisierten Bildnisreihen römischer Kaiser, die mit Caesar begannen und in die sich der fürstliche Stifter gleichsam einreihte, etwa die (verlorenen) «Caesarenkabinette» in Mantua und Fontainebleau. Diese Tradition lebte im Barock fort, u. a. in den römischen Herrscherbüsten der Gärten von Charlottenburg und Potsdam sowie an der Hoffassade des Schlosses von Versailles. Caesarischen Geist zeigte – im Namen gleichfalls verbunden – Cesare Borgia mit seiner berühmten Devise: «*Aut Caesar aut nihil!*» Einen Höhepunkt seiner Verehrung bedeutete das Pontifikat Julius' II., dessen Name nicht dem unbedeutenden spätantiken Vorgänger folgte, sondern Iulius Caesar, Leitbild für die machtpolitischen Ziele des ehrgeizigen Papstes.

Bald überstieg der Ruhm des wiederentdeckten Helden die Alpen: Auch hier wurden seine Schriften wieder gelesen und in die heimischen Sprachen übertragen (s. S. 116); Karl der Kühne, der ruhmsüchtige und Prunk liebende letzte Herzog von Burgund, ließ seinen Thronsaal mit einer Serie von Bildteppichen zum Leben Caesars schmücken (heute im Historischen Museum Bern; Abb. 81). An dem grandiosen Herrschergrab Maximilians I. in der Hofkirche zu Innsbruck gemahnten die bronzenen Büsten der Imperatoren – von Caesar bis Theodosius I. – an die römische Wurzel des abendländischen Kaisertums. In Bewunderung für seine Taten erwarb der «Letzte Ritter» acht niederländische Tapisserien zu dessen Triumph; ohnehin zählte Caesar zu den beliebtesten historischen Exempla der Habsburger, die gleich den Römern ihre Herkunft von Troia ableiteten (Abb. 82).

Allen großen Herrschern dieser Zeit stand seine Gestalt vor Augen: Heinrich VIII. von England sah in ihm ebenso sein Vorbild wie der französische König Franz I., der sich nach dem Sieg bei Marignano über die Schweizer («Helvetier») als neuen Caesar feiern ließ. Die Verehrung Karls V. wird deutlich in seinem Siegesbericht nach der Schlacht bei Mühlberg gegen die protestantischen deutschen Fürsten: «Ich kam, sah und Gott siegte!» Auch hier entstanden bildliche Darstellungen, etwa die Holzschnitte zur ersten deutschen Ausgabe der *Commentarii* (Matthias Ringmann, 1507; s. Abb. 70) und Dürers verlorenes Gemälde mit Caesar, Cato und Pompeius, sowie literarische Werke wie die lateinische Komödie *Julius redivivus* des Nikodemus Frischlin (1585): Sie schildert die Rückkehr des Römers in die Oberwelt, wo er Deutschlands moderne Herrlichkeit mit Buchdruck und Schwarzpulver bewundert.

volt en rõme rentrer · ou pour son triũphe hõnourer ·
ret tous ceulx qui laymoyẽt · et son los augmẽter q̃roiet ·
s lesbaret empereur · le premier pour plus sa valeur ·
stre et aplaudir vulgier · cõme ung aultre fame pechier ·
Entre neuf des meilleurs du mõde · preux et vaillãs
le dit julle chesar est ung · com lempereur ledit con
de la proesse et de la gloire · durra julq en fin lamer
et la robuste vaillandise · qui estoit en son ceur

QVANTA STRA
GE VIRVM SVBLI
MIS ALEXIA CESSIT
CÆSAREIS AQVI
LIS. PICTA TABEL
LA NOTAT

Abb. 82
Melchior Feselen: Belagerung von Alesia (1533). Im Auftrag des bayerischen Herzogs Wilhelm IV. entstand dieses Schlachtenbild, das die zeitgenössischen Machtkämpfe widerspiegelt: Die caesarischen (= kaiserlich-habsburgischen) Truppen siegen über die Feinde, die – durch Rüstungen und Wappen als Franzosen und Türken gekennzeichnet – das damals geplante Bündnis dieser Mächte gegen Karl V. symbolisieren (München, Alte Pinakothek).

Die politischen Denker des Zeitalters wandten sich ihm gleichfalls zu – Montaigne und Bacon suchten sein innerstes Wesen zu ergründen, Bodin rühmte ihn als Meister der Staatskunst. Erste Bühnenwerke widmeten sich den dramatischen Ereignissen seines Lebens; mit Shakespeares «Julius Caesar» – in dessen Mittelpunkt eigentlich der tragische Konflikt des Brutus steht – erreichten sie ihren Höhepunkt.

Caesar war als geschichtliche Gestalt in das allgemeine Bewusstsein zurückgekehrt; das zeigte sich bei der Ermordung Heinrichs IV. durch einen katholischen Fanatiker (1610): Das Attentat wurde von den Zeitgenossen mit den Iden des März gleichgesetzt; Sully, der Freund und Minister des Königs, verfasste einen Vergleich des «bon roi» mit Iulius Caesar.

Barock und Aufklärung

Nur geringfügig wandelte sich sein Bild im Zeitalter des Barock. Weiterhin entstanden reich illustrierte Ausgaben seiner Schriften, ebenso Gemälde und Skulpturen. Dabei dominieren Darstellungen zu den ägyptischen Ereignissen (wohl wegen der Faszination des Nillandes und seiner Herrscherin), zum Bürgerkrieg (Abb. 83; die «Pharsalia» Lucans war eines der meistverbreiteten aus der Antike überlieferten Werke) und seiner Ermordung. Allerdings ist ihre Zahl – gemessen an Caesars historischer Bedeutung – eher gering, vor allem im Vergleich mit den klassischen Beispielen von altrömischer Tugend wie dem Selbstmord der Lucretia und der Enthaltsamkeit Scipios, aber auch gegenüber dem Tod der Kleopatra. Als Grund ist zu vermuten, dass Caesar wegen seiner politischen und moralischen «Verfehlungen» kaum als Vorbild gelten konnte; zudem widersprach seine widerrechtliche Machtergreifung dem Legitimitätsdenken des Absolutismus.

In den barocken Romanen und Bühnenwerken erscheint Caesar meist in menschlicher Verkleinerung; so schildert Corneilles «Der Tod des Pompeius» seine hoffnungslose Liebe zur Witwe des ermordeten Rivalen. Besonders der prunkvolle Hof von Alexandria und die Liebesaffäre mit Kleopatra boten Stoff für höfische Opern (G. F. Händel, «Julius Caesar», 1724). Name und Leben des Römers wurden dabei zur bloßen Fläche, auf die tragische Konflikte zwischen menschlichen Gefühlen und politischen Zwängen projiziert wurden, durch das antike Umfeld gleichsam geadelt.

Mit Montesquieu begann die demokratisch motivierte Caesarkritik der Aufklärung; auch bei ihm steht freilich die Bewunderung für die geniale Persönlichkeit neben der Ablehnung des tyrannischen Strebens. Klar erkannte der französische Denker zudem, dass die Republik dem Untergang geweiht war. In ähnlichem Zwiespalt sieht Voltaire die Gestalt des Römers; sein «Tod Caesars» ist freilich noch der barocken Tradition des menschlichen Dramas mit antiker Staffage verhaftet: Ohne zu wissen, dass der Dictator sein leiblicher Vater ist, tötet ihn Brutus aus Liebe zum Vaterland. Dass sich seit dem Ende des 18. Jhs. die bildlichen Darstellungen zur Geschichte Caesars weitgehend auf seine Ermordung beschränken, dürfte auf Voltaires Tragödie zurückgehen.

Rousseau zeigt dagegen keinerlei Bewunderung mehr für den römischen Staatsmann: Hasserfüllt betrachtet er seine Eroberungen und die von ihm begründete Tyrannis.

Abb. 83
Schlacht bei Pharsalos. Mit barockem Pathos schildert der Gobelin aus einer Brüsseler Serie über die Taten Caesars (Ende 17. Jh.) die entscheidende Schlacht des Bürgerkrieges (Wien, Kunsthistorisches Museum).

bewundernd dagegen Cato und Brutus. Seine Sicht hat das Bild Caesars und die hymnische Verehrung für dessen Mörder in der Französischen Revolution, aber auch das zeitgenössische deutsche Denken entscheidend beeinflusst.

Die prägende Herrschergestalt des aufgeklärten Absolutismus stand dagegen Caesar in Bewunderung gegenüber: Friedrich d. Gr., im zeitgenössischen Urteil durch seine vielfältigen Begabungen dem Römer vergleichbar (er selbst lehnte diese Gleichsetzung bescheiden ab), hatte in seinem Arbeitszimmer in Sanssouci einzig die Büste seines Vorbildes als Feldherr und Staatsmann aufgestellt.

Einen bisher unbekannten Aspekt brachte Herder in seine Beurteilung ein – das Mitleid mit den Opfern der Eroberungen mutet bereits modern an; doch ungeachtet aller Ablehnung von «Mörderhandwerk» und «Würgekunst» – auch er konnte sich dem Reiz der Persönlichkeit nicht entziehen. Diese zog ebenso Goethe in ihren Bann; Caesar erschien ihm als der Inbegriff menschlicher Größe.

Das 19. Jahrhundert

Die Französische Revolution hatte Caesar als Tyrannen verabscheut, seinen Mörder in den Himmel erhoben; geradezu in historischer Ironie erwuchs aus der großen Umwälzung die historische Persönlichkeit, die – auch im Urteil der Zeitgenossen – am meisten unter allen Gestalten der Geschichte dem Römer glich. Seit seiner Jugend hatte ihn Napoleon bewundert und eine eigene Tragödie über ihn geplant; auch sein Arbeitszimmer in St-Cloud schmückte allein die Büste Caesars (zu seinem Werk über dessen Feldzüge s. S. 116). Für das neue Kaisertum übernahm er Formen und Insignien der römischen Imperatoren (Abb. 84).

PHARSALIAM DOMANS

Abb. 84
Paris, Säule der Großen Armee. In seinen Herrscherinsignien wie in den Bauten folgte Napoleon römischem Vorbild. Den Sieg in der «Dreikaiserschlacht» bei Austerlitz (1805) verherrlicht seine Triumphsäule, bekrönt von der Statue des Kaisers im antiken Gewand.

Sein Neffe und Nachfolger – dessen Regime A. Romieu zu seinem Begriff «Caesarismus» anregte (1850) – zeigte sich gleichfalls von Caesar inspiriert; er ließ bei Alesia archäologische Grabungen durchführen und verfasste selbst eine Biographie des Römers. So wenig bedeutend diese auch war – sie regte doch entscheidend die militärhistorische Forschung über seine Feldzüge an. Grundlegend haben H. Delbrück und J. Kromayer – gemeinsam mit dem österreichischen Offizier G. Veith – auf diesem Gebiet gewirkt.

Die dominierende Gestalt Napoleons I., sein kometenhafter Aufstieg und tiefer Fall prägten wiederum das Caesarbild des 19. Jhs. Erneut ist es von der jeweiligen Geisteshaltung bestimmt: War er für V. Hugo und A. de Lamartine bei aller Genialität der verhasste «Feind der Freiheit», sahen andere in ihm den «Volkskaiser» (H. Heine, A. Dumas d. Ä.). Das romantische Denken eines Stendhal und Balzac, Flaubert und Baudelaire stand seinem «vollkommenen Wesen» bewundernd gegenüber, ebenso Nietzsche, für dessen «Übermenschen» Caesar als «herrlichster Mensch» zum Vorbild wurde.

Zugleich wurde er erstmals auch als Sozialreformer entdeckt; unter dem Eindruck der schweren gesellschaftlichen Konflikte der Industrialisierung erkannte der britische Historiker Merivale darin seine wahre Größe. Ein erwachendes Italien sah wiederum in dem antiken Heros den Nationalhelden und Ahnherrn des ersehnten einigen Vaterlandes; Giobertis Werk «Über den Vorrang Italiens» begründete den nationalen Kult Caesars, der noch das Geschichtsbild des Duce prägte.

Entscheidend aber sollten zwei deutsche Caesar-Bilder das Denken des 19. Jhs. bestimmen: die philosophische Deutung Hegels und die historisch fundierte Darstellung Mommsens. Für den deutschen Idealisten war das Ende der Adelsrepublik unvermeidlich; Caesar «vollbrachte das, was ... an der Zeit war» und wurde so zum viel zitierten «Geschäftsführer des Weltgeistes». Hegel hat als Erster die geschichtliche Bedeutung der Eroberung Galliens erkannt – als nicht nur militärische, sondern auch kulturelle Großtat. Obgleich er die philosophische Deutung der Geschichte grundsätzlich ablehnte, kam L. v. Ranke aus der nüchternen Sicht des Historikers zu einem ähnlichen Urteil über den Gallischen Krieg und den Untergang der römischen Republik, ebenso sein Schüler J. Burckhardt, ein glühender Bewunderer des «vielleicht ... größte(n) Sterbliche(n)» (s. Zitat S. 104).

Alle früheren Darstellungen zu Leben und Werk Caesars stellte die «Römische Geschichte» Th. Mommsens in den Schatten, eine große Leistung der Historiographie, zugleich mit einzigartiger Sprachgewalt geschaffen (und daher mit dem Nobelpreis für Literatur 1902 ausgezeichnet). Mit schneidendem, oft überzeichnendem Urteil – etwa bei der Schilderung der «Journalistennatur» Ciceros – stellte er der morschen Adelsrepublik den vollkommenen Staatsmann Caesar gegenüber, den er zum «demokratischen Monarchen» idealisierte. Sein grandioses Bild bestimmte die Anschauung des Bildungsbürgertums bis in das 20. Jh., auch wenn seine Darstellung mit Recht auf Kritik stieß und geradezu eine «weltliche Heiligenlegende» (A. Heuß) genannt werden konnte.

«So war dieser einzige Mann, den zu schildern so leicht scheint und doch so unendlich schwer ist. Seine ganze Natur ist durchsichtige Klarheit ... Eine solche Persönlichkeit konnte wohl flacher oder tiefer, aber nicht eigentlich verschieden aufgefaßt werden; jedem nicht ganz verkehrten Forscher ist das hohe Bild mit denselben wesentlichen Zügen erschienen ... Das Geheimnis liegt in dessen Vollendung. Menschlich wie geschichtlich steht Caesar in dem Gleichungspunkt, in welchem die großen Gegensätze des Daseins sich ineinander aufheben. Von gewaltiger Schöpferkraft und doch zugleich vom durchdringendsten Verstande; nicht mehr Jüngling und noch nicht Greis; vom höchsten Wollen und vom höchsten Vollbringen; erfüllt von republikanischen Idealen und zugleich geboren zum König; ein Römer im tiefsten Kern seines Wesens und wieder berufen die römische und die hellenische Entwickelung in sich wie nach außen hin zu versöhnen und zu vermählen, ist Caesar der ganze und vollständige Mann ... Aber ebenhierin liegt auch die Schwierigkeit, man darf vielleicht sagen, die Unmöglichkeit Caesar anschaulich zu schildern. Wie der Künstler alles malen kann, nur nicht die vollendete Schönheit, so kann auch der Geschichtsschreiber, wo ihm alle tausend Jahre einmal das Vollkommene begegnet, nur darüber schweigen.»

(Th. Mommsen, Römische Geschichte III [1904] 467 f.)

Das verbreitete Interesse eines gebildeten Publikums spiegelte sich auch im künstlerischen Schaffen des Historismus. Zahlreiche großformatige Gemälde entstanden zu Caesars Leben und Taten, vor allem aber zu seiner Ermordung. Außer den allgemeingeschichtlich bedeutsamen Ereignissen finden sich dabei auch nationale Themen: In Frankreich wurde die Kapitulation des romantisch verklärten gallischen Helden Vercingetorix zu einem Lieblingssujet der Historienmalerei; aber selbst ein Randthema wie der Sieg der helvetischen(!) Tiguriner über die Römer wurde in der Schweiz aufgegriffen (Ch. Gleyre).

Moderne Caesarbilder

Ungeachtet aller Kritik an Mommsens bewunderndem Lobpreis wirkte seine glänzende Darstellung in das 20. Jh. fort. Noch M. Gelzers bedeutende Biographie ist davon geprägt; auch wenn sie wesentlich ausgewogener urteilte, zweifelte der Historiker nicht an Caesars Genialität.

Grundsätzlich unterschied sich davon die Einschätzung von Ed. Meyer, der in Pompeius, nicht in seinem Rivalen den großen Staatsmann dieser Zeit sah, zudem das Vorbild für Octavian bei der Begründung des Prinzipates.* Noch schärfer ist das Verdikt von H. Strasburger, den das eigene Erleben von Krieg und Diktatur zur Ablehnung Caesars geführt hatte:

* Diese These wurde in der Forschung weitgehend abgelehnt.

«Denn weder als Mensch noch als Historiker fühle ich mich imstande, davon abzusehen, was Menschen damals in Gallien durch Caesars Wirken widerfahren ist ... Daß ich das Phänomen von Caesars staatsmännischer Größe und Leistung vielleicht mangelhaft erkenne, muß ich in Kauf nehmen –: wer einmal bei den ‹Spänen› war, als ‹Männer, die Geschichte machen›, hobelten, lernt den Konflikt zwischen Vitalität und Objektivität bei sich selber kennen, vermag aber um so eher auf ebensolche Erlebnisse im geschichtlichem Felde aufmerksam zu machen.»

(H. Strasburger, Caesar im Urteil seiner Zeitgenossen [1968] 72 u. 81)

Erstaunen mag, dass gerade die totalitären Regimes des 20. Jhs. keinen nennenswerten Beitrag zur Beurteilung Caesars leisteten. Die marxistische «Geschichtsforschung» ist nie zu einem eigenen Bild gelangt; da bereits K. Marx in den geschichtlich Handelnden lediglich Werkzeuge der historischen Entwicklung gesehen hatte, blieb auch Caesar nur ein Exponent der «Sklavenhaltergesellschaft». Ein in sich geschlossenes nationalsozialistisches Bild des Römers suchen wir gleichfalls vergeblich; in den Tischgesprächen A. Hitlers wird er nicht erwähnt. Dagegen hielt ihn der Duce des faschistischen Italien für den (nach Christus) bedeutendsten aller Menschen und stellte sich selbst bewusst in seine Tradition.

So hat sich jede Epoche ihr eigenes Caesarbild geschaffen – auch unsere Zeit. Naturgemäß hatte das Erleben von populären Diktaturen das Misstrauen gegenüber «großen Männern» und jeglicher Form der Alleinherrschaft geschärft, die Schrecken der Weltkriege der Bewunderung für militärische Leistungen (zumindest in Deutschland) ein Ende gesetzt. Aber jede Generation begeht in der historischen Betrachtung ihre eigenen Fehler: Eine egalitäre Gesellschaft erliegt kaum der Gefahr kritikloser Heldenverehrung – verliert aber leicht das Empfinden für wahre Größe und bleibende Leistungen. Demokratische Gesinnung ohne geschichtliches Wissen kann aufgrund des sprachlichen Gleichklanges zu unhistorischer Gleichsetzung der caesarischen Machtstellung als Dictator mit den Diktaturen des 20. Jhs. führen, zum Missverstehen einer senatorischen *libertas*, die mit heutigen Vorstellungen von «Freiheit» wenig gemein hat. Die moralisierende Einforderung heutiger völkerrechtlicher Normen für vergangene Epochen verweist ganze Generationen von Politikern und Militärs der Vergangenheit in ein ahistorisches (und sinnloses) «Verbrecheralbum der Geschichte».

Vernünftig und gerecht aber kann nur eine Beurteilung von Ereignissen und Gestalten aus ihrer Zeit heraus sein: Man muss Caesar und seine *clementia* mit dem Verhalten von Marius und Sulla, M. Antonius und Octavian vergleichen – nicht mit Mahatma Gandhi! Zudem sind die Ergebnisse von politischem Wirken zu einer historischen Bilanz heranzuziehen. Durch den Wandel von der Republik zur Monarchie gewann das Römische Reich für Jahrhunderte politische und militärische Stabilität, die eine Epoche des Friedens und einzigartiger wirtschaftlicher und kultureller Blüte ermöglichte – für nahezu alle seine Bewohner, nicht nur für eine kleine Schicht aristokratischer Senatoren.

Neue Medien

Mehrfach fand Caesar auch Eingang in die schöngeistige Literatur des 20. Jhs. Das tragische Schicksal des Galliers Commius, der sich vom Freund zum Gegner des Römers wandelte, behandelte Anatole France («Komm l'Atrébate», 1900). G. B. Shaw brachte «Caesar and Cleopatra» auf die Bühne (1901), Th. Wilder schilderte in fiktiven Dokumenten die letzten Monate im Leben des Dictators («Ides of March», 1948). In B. Brechts Romanfragment «Die Geschäfte des Herrn Julius Caesar» (1957) erscheint dieser als korrupter Politiker in einer modernistisch anmutenden Geschäftswelt. Auf die antike Überlieferung, Caesar sei bereits des Lebens überdrüssig gewesen, geht das Theaterstück von W. Jens «Die Verschwörung» (1969) zurück, in dem der Dictator selbst seine Ermordung inszeniert.

Auch die zeittypischen Medien wandten sich seiner Gestalt zu: R. Goscinny und A. Uderzo schufen die Comicfiguren des listigen kleinen Galliers Asterix, seines «nicht verkümmerten» Freundes Obelix und des niedlichen Hündchens Idefix, die ein kleines unbeugsames Dorf

gegen die Römer verteidigen (seit 1959). Geistreich, amüsant und respektlos geschildert, erscheint Caesar als ihr Gegenspieler. Dabei sind die lustigen Bände erstaunlich gründlich recherchiert (etwa in der berühmten «hübschen Nase» der Kleopatra). Die Abenteuer der mutigen Gallier wurden auch verfilmt – in mehreren Zeichentrickfilmen ebenso wie mit bekannten Schauspielern («Astérix et Obélix contre César» von Cl. Zidi, 1998, mit Chr. Clavier, G. Depardieu und G. John als Caesar sowie «Astérix et Obélix: Mission Cléopâtre» von A. Chabat (verkörperte auch Caesar), 2002).

Selbstverständlich ließ sich auch der Historienfilm seine Persönlichkeit nicht entgehen. Am Beginn stand «La mort de César» (G. Méliès, 1907); mit den italienischen «Sandalenfilmen» um 1960 erreichte die Produktion den zahlenmäßigen Höhepunkt. Parodistischen («Deux heures moins le quart avant Jesus-Christ», J. Yanne, 1982) und pornographischen Streifen («The notorious Cleopatra», A. B. Stootsberry, 1970), die mit dem historischen Thema nur noch wenig Ähnlichkeit aufweisen, musste Caesar ebenfalls seinen Namen leihen. Einzigartig in seinem Bemühen um historische Authentizität und durch die schauspielerischen Leistungen ist bis heute J. Mankiewicz' «Cleopatra» (1963) mit Rex Harrison, Richard Burton und einer faszinierenden Elizabeth Taylor. Ein zweiteiliger Fernsehfilm widmete sich gleichfalls seinem ereignisreichen Leben («Julius Caesar» von U. Edel, 2002; in der Titelrolle J. Sisto), ebenso mehrere Computerspiele.

Aber auch der bloßen Werbung dient die Gestalt des Römers: In Las Vegas erhebt sich «Caesar's Palace», eines der bekanntesten Kasinohotels der Spielerstadt (Abb. 85). Selbst eine Hundefuttermarke für kleine Vierbeiner mit besonders großen Ansprüchen nutzt seinen klangvollen Namen (der Lorbeerkranz auf dem Firmenlogo deutet tatsächlich auf die römisch-historische Intention).

Abb. 85
Caesar's Palace (Las Vegas). Auch das Spielerparadies der Neuen Welt lässt sich den großen Römer als Werbeträger nicht entgehen.

Kaiser und Zar

Am eindrucksvollsten lebt Caesar jedoch fort in dem höchsten Titel, der die irdische Macht bezeichnet – Kaiser (oder Zar). Allerdings hat sich diese Benennung erst Jahrhunderte nach seinem Tod durchgesetzt. Die römischen Herrscher trugen den Titel «Augustus» (die männlichen Angehörigen der Iulisch-Claudischen Dynastie zudem «Imperator Caesar» als Eigennamen); lediglich der Mitregent und designierte Nachfolger, seit der Tetrar-

Abb. 86
Tetrarchen. In herrscherlicher Eintracht zeigen sich Diocletian und seine Mitregenten – der Augustus Maximian und die Caesares Constantius und Galerius – in der spätantiken Skulptur aus kaiserlichem Porphyr, die auf der Südseite des Markusdoms eingemauert ist (Venedig, S. Marco).

chie Diocletians der untergeordnete Herrscher wurde als «Caesar» bezeichnet (Abb. 86). Noch Friedrich Barbarossa folgte bei der Berufung seines Sohnes Heinrich (VI.) zum Thronfolger dieser Tradition.

Als Karl d. Gr. das römische Kaisertum erneuerte, nannte er sich *«Augustus ... Imperator Romanum gubernans imperium»*; auch Otto d. Gr. griff in seiner Titulatur «Imperator Augustus» auf die antike Bezeichnung zurück. In der Eindeutschung «zu allent zeiten merer des reichs» lebte sie fort bis zum Ende des Heiligen Römischen Reiches Deutscher Nation (1806). Nur selten wurde daneben der Caesartitel geführt, etwa auf den Augustalen Friedrichs II. Dagegen findet sich diese Benennung seit karolingischer Zeit in den Herrscherurkunden zur Bezeichnung der kaiserlichen Vorgänger, ebenso in der mittelalterlichen Historiographie. Dass sie sich im allgemeinen Gebrauch der Sprache schließlich durchsetzte, könnte an dem bekannten Bibelwort liegen (*«Reddite ergo, quae sunt Caesaris, Caesari ...»* «So gebt dem Kaiser, was des Kaisers ist ...»; Mt. 22,21); die heutige Schreibweise entstammt der Hofkanzlei Maximilians I.

Während der byzantinische Herrscher nach der Einführung des Griechischen als Amtssprache den Titel «Basileus» trug (629), nannten sich die rivalisierenden bulgarischen Fürsten seit dem 10. Jh. «Zaren» (ihrem Beispiel folgten im 14. Jh. die serbischen Herrscher); über das gotische «Kaisar» war der Name Caesars in ihre Sprachen gelangt.

In den altrussischen Schriften wurde ursprünglich der Kaiser von Byzanz als «Zar» bezeichnet, Konstantinopel als «Zargrad». Nach dem Ende der mongolischen Herrschaft und seiner Heirat mit der byzantinischen Prinzessin Sophia (1472) beanspruchte der Moskauer Großfürst Iwan III. die Nachfolge des rechtgläubigen Kaisertums; um die Gleichrangigkeit mit den Kaisern des Abendlandes zu erlangen, nahm er selbst den Zarentitel an; ihn haben die Herrscher Russlands bis zur Abdankung Nikolaus' II. geführt (1917).*

Anfangs Ausdruck einer einzigartigen, im göttlichen Heilsplan begründeten Würde, wurde der Kaisertitel in den Wirren nach der Französischen Revolution geradezu «inflationiert». Zweifellos entsprach er der imperialen Macht Napoleons; den unbedeutenden Kaisertümern von Mexiko und Brasilien (1822) war dagegen nur kurze Dauer beschieden. Zu Beginn des 20. Jhs. existierten noch neun Kaiserreiche; geblieben ist davon nach Kriegen und Revolutionen lediglich das Kaisertum des japanischen Tenno.

Aber als Begriff des Höchsten und Einzigartigen blieb das Wort bis in unsere Zeit gültig; ob wir vom «Kaiserwetter» schwärmen oder einen begnadeten Fußballspieler als «Kaiser» feiern – stets ist es eine späte Hommage an C. Iulius Caesar, den bedeutendsten aller Römer und eine der prägenden Gestalten der Geschichte.

* Seit Peter d. Gr. wurde er um den westlichen Imperatortitel ergänzt.

ANTIKE QUELLEN ZU CAESAR

Amm. Ammianus Marcellinus (um 330 – 395 n. Chr.)

Der erfahrene Offizier setzte das Geschichtswerk des Tacitus bis in die eigene Zeit fort; für diese ist seine Beschreibung die wichtigste Quelle.

App. Appianos (2. Jh. n. Chr.)

Der griechische Historiker beschrieb in geographischer Ordnung die römischen Eroberungen, zudem die militärischen und politischen Auseinandersetzungen im «Jahrhundert der Bürgerkriege» (civ.).

Ath. Athenaios (2. Jh. n. Chr.)

In seinem Sammelwerk «Das Gelehrtenmahl» überliefert der griechische Autor zahlreiche historische und literarische Nachrichten.

Caes. C. Iulius Caesar (100 – 44 v. Chr.)

Zu Caesars eigenen Werken über den Gallischen Krieg (Gall.) und den Bürgerkrieg (civ.) s. S. 115 f.

Cic. M. Tullius Cicero (106 – 43 v. Chr.)

Als Politiker, Redner und Schriftsteller eine der bedeutendsten zeitgenössischen Persönlichkeiten, ist Cicero durch seine Reden (prov.: Über die konsularischen Provinzen; Phil.: Philippische Reden) und Briefe an Atticus (Att.) und andere Freunde (ad fam.) zugleich eine der Hauptquellen für die späte Republik; im «Brutus» (Brut.) schildert er die Entwicklung der Rhetorik in Rom.

Dio Cassius Dio Cocceianus (2./3. Jh. n. Chr.)

Nach einer Beamtenlaufbahn bis zum Konsulat schilderte er in einem umfangreichen Werk die römische Geschichte von den Anfängen bis in seine Zeit.

Flor. L. (?) Annaeus Florus (2. Jh. n. Chr.)

Er verfasste einen kurzen Abriss aller Kriege der Römer bis zum Ende des «Jahrhunderts der Bürgerkriege».

Gell. A. Gellius (2. Jh. n. Chr.)

In seinen «Attischen Nächten» behandelt der römische Schriftsteller Themen aus zahlreichen Wissensgebieten in ungeordneter Reihung.

Liv. T. Livius (59 v. Chr. – 17 n. Chr.)

Mit einzigartiger sprachlicher Meisterschaft, aber nur geringer Durchdringung der Quellen schuf der Historiker die umfangreichste Darstellung der römischen Geschichte.

Lucan M. Annaeus Lucanus (30 – 65 n. Chr.)

Der Neffe Senecas dichtete ein Epos über den Bürgerkrieg zwischen Caesar und Pompeius (*Pharsalia*), das von republikanischen Idealen geprägt ist

Mon. Ancyr. ***Monumentum Ancyranum***

Über seinen politischen Aufstieg und seine Regierung legte Augustus einen Tatenbericht vor (*Res gestae*), der meist nach der am vollständigsten erhaltenen Abschrift in Ankara bezeichnet wird.

Nik. Dam. Nikolaos von Damaskus (1. Jh. v. Chr.)

Der Erzieher der Kinder Kleopatras und M. Antons, später Berater Herodes' d. Gr., verfasste eine «Weltgeschichte» bis in die Zeit des Augustus.

Ov. P. Ovidius Naso (43 v. Chr. – 17/18 n. Chr.)

In seinem Hauptwerk, den «Metamorphosen» (met.), schildert der Dichter zahlreiche Verwandlungssagen aus der griechisch-römischen Mythologie.

Plin. C. Plinius Secundus (um 23/24 – 79 n. Chr.)

Der rastlose Forscher sammelte in seiner umfangreichen *Naturalis historia* das naturgeschichtliche Wissen seiner Zeit.

Plut. Plutarchos (um 45 – 120 n. Chr.)

Der hochgebildete griechische Priester verfasste über 200 Schriften zu zahlreichen wissenschaftlichen Themen. Unter seinen historischen Werken ragen die Parallelbiographien bedeutender Griechen und Römer hervor. Für die Zeit Caesars dienen außer dessen Lebensbeschreibung (Caes.) die Berichte über die Gracchen (Tib. u. C. Gracch.), Cicero (Cic.), Pompeius (Pomp.), Crassus (Crass.), Cato d. J. (Cato min.), Brutus (Brut.) und M. Antonius (Ant.) als Quellen.

Sall. C. Sallustius Crispus (86 – 34 v. Chr.)

Zunächst Praetor unter Caesar, wandte er sich später der Geschichtsschreibung zu; er verfasste u. a. eine Monographie über die Verschwörung des Catilina (Catil.).

Suet. C. Suetonius Tranquillus (2. Jh. n. Chr.)

Der Historiker schrieb Biographien der römischen Kaiser von Caesar (Caes.) und Augustus (Aug.) bis Domitian; für sein anekdotenreiches Werk standen ihm als Leiter der kaiserlichen Korrespondenz unter Hadrian die Archive des Hofes zur Verfügung.

Tac. P. Cornelius Tacitus (um 100 n. Chr.)

Der römische Historiker schildert in seinen «Annalen» (ann.) die Kaiserzeit vom Tod des Augustus bis zum Ende Neros; weitere bedeutende Werke sind die «Historien» und die Beschreibung Germaniens («Germania»).

Vell. C. (?) Velleius Paterculus (1. Jh. n. Chr.)

Als Legat an den Germanenkriegen des Tiberius beteiligt, verfasste er später einen kurzen Abriß der römischen Geschichte.

Verg. P. Vergilius Maro (70 – 19 v. Chr.)

Mit seiner «Aeneis», dem Epos über Kämpfe und Irrfahrten des trojanischen Helden Aeneas, wurde er zum römischen Nationaldichter.

GLOSSAR

Aedil: Röm. Staatsbeamter (u. a. Bau- und Marktwesen)

Annuität: Beschränkung einer Amtszeit auf ein Jahr

Architrav: Steinbalken über Säulen oder Pfeilern

Arverner: Keltenstamm in der heutigen Auvergne

Auspizien: Prophezeiung aufgrund der Beobachtung von Vögeln; davon abgeleitet: sieghaftes Glück des Oberbefehlshabers

Basilica: röm. Markthalle, Vorbild für spätere Kirchenarchitektur

Bithynien: Landschaft im nördlichen Kleinasien

Bona Dea: weibliche Gottheit, deren Name nie genannt wurde

Bulla: Amulettkapsel für römische Kinder

Bürgerrecht: Das röm. Bürgerrecht mit seinen Vorrechten konnte durch Abstammung oder durch Verleihung aufgrund von Verdiensten erlangt werden

Campus Martius: s. Marsfeld

Carcer Mamertinus: Kerker für Kriegs- und Staatsgefangene unterhalb des Kapitols

Cavea: Zuschauerraum des antiken Theaters

Censor: röm. Staatsbeamter (Steuerschätzung, Sittenaufsicht)

Centurio: Kommandeur einer röm. Einheit von etwa 100 Mann (centuria)

Cevennen: Teil des frz. Zentralmassivs

***clementia Caesaris*:** Milde Caesars

Colonia: röm. Stadtgründung

Comitium: Tagungsstätte der Volksversammlung auf dem Forum Romanum

***consul sine collega*:** (gegen die Tradition) allein amtierender Konsul

Curia: Sitzungsgebäudes des röm. Senates

Daker: Volk im heutigen Rumänien

Denar: röm. Silbermünze

designiert: wurde ein Magistrat zwischen Wahl und Amtsantritt genannt

Dictator: außerordentliches röm. Staatsamt in Krisenzeiten

Divus Iulius: Göttlicher Iulius

Esquilin: einer der Hügel Roms

Fasces: Rutenbündel mit Beilen als röm. Machtsymbol

Gens (Iulia): Adelsfamilie (der Julier)

Ghibelline: Anhänger des Kaisertums im Mittelalter

Häduer: Keltenstamm im heutigen Burgund

Hellenismus/hellenistisch: Phase der griech. Geschichte und Kultur von Alexander d. Gr. bis Kleopatra (300 – 30 v. Chr.)

***homo novus*:** «Emporkömmling», dessen Familie nie zuvor das Konsulat erreicht hatte

Iden: röm. Kalendertag: der 13. des Monats (in März, Mai, Juli und Oktober der 15.)

Imperium: Oberbefehl; Reich

Imperator: Ehrentitel für siegreiche Feldherren

Inkrustation: Wandverkleidung mit Steinplatten

Klientel: in der späten Republik Gefolgschaft als politische Machtbasis; sie konnte aus Einzelpersonen, Städten, Völkern, v. a. aus Soldaten bestehen (Heeresklientel)

Kohorte: röm. Militäreinheit (ca. 600 Mann)

Kollegialität: Amtsausübung gemeinsam mit gleichrangigen Kollegen

Konsul: höchster röm. Staatsbeamter; jeweils amtierten zwei Konsuln kollegial für ein Jahr

Latifundien: Großgrundbesitz

***laudatio funebris*:** Grabrede

Legat: Unterfeldherr (meist Kommandeur einer Legion), etwa im heutigen Rang eines Generals

Legion: röm. militär. Einheit (Sollstärke: 6000 Mann), einer modernen Division vergleichbar

Abkürzungen der gebräuchlichsten römischen Vornamen

A.	Aulus
App.	Appius
C.	Gaius
Cn.	Gnaeus
D.	Decimus
L.	Lucius
M.	Marcus
P.	Publius
Q.	Quintus
Ser.	Servius
S. / Sex.	Sextus
Sp.	Spurius
Ti. / Tib.	Tiberius
T.	Titus

Liktor: Amtsdiener der röm. Magistraten; er trug die Fasces (Rutenbündel mit Beilen) als Hoheitszeichen

Magister Equitum: Stellvertreter des röm. Diktators

Magistrat: röm. Staatsbeamter

Marsfeld: Ebene in der Tiberschleife; urspr. Exerzierplatz, in der Kaiserzeit monumental bebaut (u. a. Pantheon)

Militärtribun: röm. Stabsoffizier

***mos maiorum*:** beispielhaftes Verhalten der Vorfahren

Naumachie: künstliche Seeschlacht mit Gladiatoren

Numider: Volk in Nordafrika («Nomaden»)

Optimaten: «Adelspartei» in der späten röm. Republik

Patrizier: röm. Adliger

Parther: Volk und Reich im Vorderen Orient

Pax Augusta: «Kaiserfrieden» im röm. Reich (seit Augustus)

Phalanx: griech.-makedon. Schlachtreihe

***pietas*:** Pflichterfüllung gegen Götter und Menschen

Plebejer, Plebs: nichtadlige Bürger Roms

Pontifex (Maximus): (Höchster) Priester in Rom

Pontos: Landschaft in Kleinasien

Populare: «Volkspartei» in der späten röm. Republik

Portikus: Säulenhalle

Praetor: röm. Staatsbeamter (Rechtswesen)

Prinzipat: frühe röm. Kaiserzeit

Prokonsul: Provinzstatthalter nach der Amtszeit als Konsul

Propraetor: Provinzstatthalter nach der Amtszeit als Praetor

Proskription: Ächtung

Ptolemäer: hellenistische Dynastie in Ägypten (4. – 1. Jh. v. Chr.)

Quaestor: röm. Staatsbeamter (Finanzwesen)

Remer: belgischer Stamm beim heutigen Reims

Ritter: Geldadel in der späten röm. Republik

Rostra: Rednerbühne auf dem Forum Romanum

Saturnalien: röm. Fest, dem Karneval vergleichbar

Seleukiden: hellenistische Herrscherdynastie in Vorderasien (4. – 1. Jh. v. Chr.)

***sella curulis*:** Amtsthron hoher röm. Magistraten

Senat: Adelsrat, beherrschendes politisches Gremium der röm. Republik

Sequaner: Keltenstamm zwischen Rhône und Jura

Sesterz: röm. Münzeinheit

Signifer: Träger eines Feldzeichens

Skythen: Volk im heutigen Südrussland

Sueben: germanisches Volk

Taberna: Laden

Thraker: Volk auf dem Balkan

Toga: röm. Staatsgewand

Topik: Verwendung von literarischen «Gemeinplätzen»

***translatio imperii*:** «Übertragung der Herrschaft», v. a. der röm. Kaiserwürde auf die fränkischen und deutschen Könige des Mittelalters

Treverer: kelt.-german. Volk beim heutigen Trier

***tribunicia potestas*:** Amtsgewalt eines Volkstribuns

Triumvirat: Bündnis oder Gremium von drei Männern

Tullianum: unterirdischer Raum des Carcer Mamertinus

***virtus*:** altröm. «Tugend» (im Sinn von «Tüchtigkeit»)

Volkstribun: Schutzbeamter der röm. Plebs

ANHANG

Literatur

F. E. ADCOCK, *Caesar als Schriftsteller* (1957).
A. ALFÖLDI, *Caesar in 44 v. Chr.*, Bd. I: *Studien zu Caesars Monarchie und ihren Wurzeln* (1985); Bd. II: *Das Zeugnis der Münzen* (1977).
DERS., *Caesariana. Gesammelte Aufsätze zur Geschichte Caesars und seiner Zeit* (1984).
J. P. V. D. BALSDON, *Julius Caesar and Rome* (1967).
E. BALTRUSCH, *Caesar und Pompeius* (2004).
K. BARWICK, *Caesars Bellum civile. Tendenz, Abfassungszeit und Stil* (1951).
CHR. BATTENBERG, *Pompeius und Caesar. Persönlichkeit und Programm in der Münzpropaganda*, Diss. (1980).
H. BRUHNS, *Caesar und die römische Oberschicht in den Jahren 49–44 v. Chr. Untersuchung zur Herrschaftsetablierung im Bürgerkrieg* (1978).
L. CANFORA, *Caesar. Der demokratische Diktator* (2001).
R. CHEVALLIER (Hrsg.), *Présence de César* (1985).
K. CHRIST, *Caesar. Annäherung an einen Diktator* (1994).
W. DAHLHEIM, *Julius Caesar. Die Ehre des Kriegers und die Not des Staates* (2005).
DERS., *Iden des März 44 v. Chr.*, in: A. DEMANDT (Hrsg.), *Das Attentat in der Geschichte* (1996) 39–59.
G. DOBESCH, *Caesars Apotheose zu Lebzeiten und sein Ringen um den Königstitel* (1966).
P. DONIÉ, *Untersuchungen zum Caesarbild in der römischen Kaiserzeit* (1996).
R. DUNAN, *The love life of Julius Caesar* (1930).
P. B. ELLIS, *Caesar's Invasion of Britain* (1978).
K. FORSTNER, *Das Bild Caesars im Geschichtsdenken des frühen Mittelalters*, Diss. (1953).
J. F. C. FULLER, *Julius Caesar. Man, Soldier and Tyrant* (1965).
M. GELZER, *Caesar. Der Politiker und Staatsmann* (1960).
DERS., *Cicero und Caesar* (1968).
H. GESCHE, *Caesar, Erträge der Forschung* 51 (1976).
DIES., *Die Vergottung Caesars* (1968).
CHR. GODINEAU, *César et la Gaule* (1990).
DERS., *Caesar und Vercingetorix* (2000).
M. GRANT, *Caesar. Genie – Eroberer – Diktator* (2006).
FR. GUNDELFINGER, *Caesar in der deutschen Literatur* (1904).
F. GUNDOLF, *Caesar. Geschichte seines Ruhms* (1924).
H. HAFFTER / E. RÖMISCH, *Caesars Commentarii De Bello Gallico* (1971).
J. HARMAND, *L'armée et le soldat à Rome de 107 à 50 avant notre ère* (1967).
TH. HASTRUP, *Forum Iulium as a manifestation of power*, *Analecta Romana Inst. Danici* II (1962) 44–61.
R. HERBIG, Neue Studien zur Ikonographie des Gaius Iulius Caesar, Gymnasium 72 (1965) 161–74.
T. R. HOLMES, *Caesar's Conquest of Gaul* (1911).
M. HOFMANN (Hrsg.), *Caesars Kalender* (1934).
M. JEHNE, *Der Staat des Dictators Caesar* (1997).
DERS., *Caesar* (1997).
C. JULLIAN, *Vercingétorix* (1911).
K. KRAFT, *Der goldene Kranz Caesars und der Kampf um die Entlarvung des Tyrannen* (1969).
B. KYTZLER, *Shakespeare, Julius Caesar* (1963).
Y. LE BOHEC, *César, chef de guerre. César stratège et tacticien* (2001).
J. LEEKER, *Die Darstellung Cäsars in den romanischen Literaturen* (1986).
J. LINDSAY, *Cleopatra* (1970).
U. MAIER, *Caesars Feldzüge in Gallien (58–51 v. Chr.) in ihrem Zusammenhang mit der stadtrömischen Politik* (1978).
CHR. MEIER, *Die Ohnmacht des allmächtigen Dictators Caesar* (1978).
DERS., *Caesar* (1982).
E. MENSCHING, *Caesars Bellum Gallicum. Eine Einführung* (1988).
ED. MEYER, *Caesars Monarchie und das Principat des Pompeius* (1922).
TH. MOMMSEN, *Römische Geschichte* (1902–1904).
DERS., *Römisches Staatsrecht* (1899).
F.-H. MUTSCHLER, *Erzählstil und Propaganda in Caesars Kommentarien* (1975).
H. OPPERMANN, *Caesar. Der Schriftsteller und sein Werk* (1933).
DERS., *Julius Caesar in Selbstzeugnissen und Bilddokumenten* (1968).
H.-M. OTTMER, *Die Rubikon-Legende. Untersuchungen zu Caesars und Pompeius' Strategie vor und nach Ausbruch des Bürgerkrieges* (1979).
K. RAAFLAUB, *Dignitatis contentio. Studien zur Motivation und politischen Taktik im Bürgerkrieg zwischen Caesar und Pompeius* (1974).
M. RAMBAUD, *L'art de la déformation historique dans les Commentaires de César* (1966).
D. RASMUSSEN (Hrsg.), *Caesar*, *Wege der Forschung* 43 (1967).
K. L. RINTELEN, *Cicero und Caesar* (1955).
P. ROMANELLI, *Das Forum Romanum* (1955).
H. SCHNEIDER (Hrsg.), *Zur Sozial- und Wirtschaftsgeschichte der späten römischen Republik* (1976).
G. SCHULTE-HOLTEY, *Untersuchungen zum gallischen Widerstand gegen Caesar*, Diss. (1968).
O. SEEL, *Caesar und seine Gegner* (1939).
DERS., *Caesarstudien* (1967).
H. STRASBURGER, *Caesars Eintritt in die Geschichte* (1938).
DERS., *Caesar im Urteil seiner Zeitgenossen* (1968).
J. SZIDAT, *Caesars diplomatische Tätigkeit im gallischen Krieg* (1970).
D. TIMPE, *Caesars gallischer Krieg und das Problem des römischen Imperialismus*, *Historia* 13 (1965) 189–214.
H.-J. TSCHIEDEL, *Caesars «Anticato»* (1981).
S. L. UTTSCHENKO, *Caesar* (1982).
G. VEITH, *Geschichte der Feldzüge C. Julius Caesars* (1906).
J. VOGT, *Caesar und seine Soldaten* (1940).

G. WALSER, *Caesar und die Germanen* (1956).
DERS., *Bellum Helveticum. Studien zum Beginn der caesarischen Eroberung von Gallien* (1998).
S. WEINSTOCK, *Divus Iulius* (1971).
K. WELCH (Hrsg.), *Julius Caesar as Artful Reporter. The War Commentaries as Political Instruments* (1998).
E. H. WIELDRAAIJER, *Caesar Teutonicus. Het Beeld van Caesar in de Duitse literatuur van 1933 tot 1945* (1981).
W. WILL, *Caesar. Eine Bilanz* (1992).
Z. YAVETZ, *Caesar in der öffentlichen Meinung* (1979).
G. ZECCHINI, *Cesare e il mos maiorum* (2001).

Bildnachweis

Titel, 41, 57, 82: akg images

Abb. 1, 4, 18, 73: Ilka Schmidt, Rüssingen

Abb. 2: cartomedia, Karlsruhe

Abb. 3, 21, 23, 47: Bernd Schulze, Berlin

Abb. 5: Bibliothèque nationale de France

Abb. 9: A. Bracchetti

Abb. 10, 36: Franz Alto Bauer

Abb. 11, 39: Maciej Bronarski

Abb. 13, 59: Rom, Musei Capitolini, Maria Teresa Natale

Abb. 14: Jo Selsing

Abb. 15: bpk/RMN, Hervé Lewandowski

Abb. 16: Archivio fotografico Castello del Buonconsiglio Monumenti e collezioni provinciali

Abb. 17, 31, 63, 76: Michael Noll

Abb. 19: S. Fichtl

Abb. 22: Landschaftsverband Rheinland/Rheinisches Landesmuseum Bonn

Abb. 24: Verkehrsverein Toerisme Tongeren

Abb. 25: ACR–JLG

Abb. 26, 29b: Editions Errance, Paris

Abb. 27, 54: Roma, Museo della Civiltà Romana

Abb. 28, 38: Landesbibliothek Oldenburg

Abb. 30, 75: Freie Universität Berlin, Fachbereich Geistes- und Kulturwissenschaften

Abb. 32, 69: bpk/Antikensammlung SMB, J. Laurentius

Abb. 34, 42, 44, 48, 52, 65, 74: Sammlung von Fotos antiker Münzen, J. W. Goethe-Universität, Frankfurt/Main

Abb. 35: bpk/RMN

Abb. 37, 83: Kunsthistorisches Museum, Wien

Abb. 43: Claude Theriez

Abb. 45: The Royal Collection © 2008/Her Majesty Queen Elizabeth II

Abb. 55: A. L. Messina/H. Ziemssen

Abb. 56: Foto Bark, Bad Frankenhausen

Abb. 58: Kunsthalle zu Kiel

Abb. 61: Ministero per i Beni e le Attività Culturali, Neapel

Abb. 62: The Walters Art Museum, Baltimore

Abb. 66: Archäologisches Institut der Universität Göttingen, Sammlung der Gipsabgüsse/Stephan Eckardt

Abb. 68: V&A Images/Victoria and Albert Museum, London

Abb. 70: bpk/SBB/Cariola Seifert

Abb. 71: Gerald Nadebor

Abb. 72: Landesbibliothek Oldenburg

Abb. 77: Stiftung Preußische Schlösser und Gärten, Berlin-Brandenburg

Abb. 78: Kunstbibliothek SMB

Abb. 79: ThULB Jena

Abb. 80: bpk/Kunstbibliothek SMB, Dietmar Katz

Abb. 81: Historisches Museum Bern

Abb. 83: Kunsthistorisches Museum, Wien

Alle übrigen Abbildungen vom Verfasser.

Adresse des Autors

Dr. Stephan Elbern
Anger 25
D-06567 Bad Frankenhausen

Weitere Sonderbände der ANTIKEN WELT

EROTIK in der Kunst Griechenlands
Angelika Dierichs
151 S. mit 91 Farb- und 22 s/w-Abb.
ISBN: 978-3-8053-3834-9
€ 29,90 (D)
Vorzugspreis für Abonnenten: € 25,90 (D)

KROATIEN IN DER ANTIKE
Mirjana Sanader (Hrsg.)
143 S. mit 116 Farb- und 7 s/w-Abb.
ISBN: 978-3-8053-3740-3
€ 24,90 (D)
Vorzugspreis für Abonnenten: € 22,90 (D)

THRAKER, GRIECHEN UND RÖMER
Manfred Oppermann
121 S. mit 71 Farb- und 13 s/w-Abb.
ISBN: 978-3-8053-3739-7
€ 24,90 (D)
Vorzugspreis für Abonnenten: € 22,90 (D)

MARZABOTTO
Martin Bentz und Christoph Reusser
159 S. mit 87 Farb- und 18 s/w-Abb.
ISBN: 978-3-8053-3845-5
€ 29,90 (D)
Vorzugspreis für Abonnenten: € 25,90 (D)

GERMANIA INFERIOR
Tilmann Bechert
167 S. mit 67 Farb-, 18 s/w- und 15 Strichabb.
ISBN: 978-3-8053-2400-7
€ 29,90 (D)
Vorzugspreis für Abonnenten: € 25,90 (D)

HATSCHEPSUT
Marianne Schnittger
150 S. mit 91 Farb- und 9 s/w-Abb.
ISBN: 978-3-8053-3810-3
€ 29,90 (D)
Vorzugspreis für Abonnenten: € 25,90 (D)

GRIECHISCHE INSELN
Johannes Nollé und Hertha Schwarz
184 S. mit 84 Farbabb.
ISBN: 978-3-8053-3682-6
€ 29,90 (D)
Vorzugspreis für Abonnenten: € 25,90 (D)

MOESIA SUPERIOR
Miroslava Mirković
144 S. mit 90 Farbabb.
ISBN: 978-3-8053-3782-3
€ 24,90 (D)
Vorzugspreis für Abonnenten: € 22,90 (D)

AMAZONEN
Jochen Fornasier
119 S. mit 59 Farb- und 1 s/w-Abb.
ISBN: 978-3-8053-3784-7
€ 19,90 (D)
Vorzugspreis für Abonnenten: € 17,90 (D)

VERLAG PHILIPP VON ZABERN • www.zabern.de